U0022201

文明叢書

2

# 粥的歷史

陳元朋 著

三民書局

國家圖書館出版品預行編目資料

粥的歷史／陳元朋著.－－二版一刷.－－臺北市：三民，
  2019
    面；    公分.－－(文明叢書:2)
    ISBN 978－957－14－6578－4 (平裝)
  1. 飲食風俗 2. 飯粥 3. 中國

538.782                              108000673

## ©  粥 的 歷 史

| | |
|---|---|
| 著 作 人 | 陳元朋 |
| 總 策 劃 | 杜正勝 |
| 執 行 編 委 | 李建民 |
| 編 輯 委 員 | 王汎森　康　樂　林富士 |
| 發 行 人 | 劉振強 |
| 著作財產權人 | 三民書局股份有限公司 |
| 發 行 所 | 三民書局股份有限公司 |
| | 地址　臺北市復興北路386號 |
| | 電話　(02)25006600 |
| | 郵撥帳號　0009998-5 |
| 門 市 部 | (復北店) 臺北市復興北路386號 |
| | (重南店) 臺北市重慶南路一段61號 |
| 出 版 日 期 | 初版一刷　2001年11月 |
| | 二版一刷　2019年4月 |
| 編　　號 | S 610370 |

行政院新聞局登記證局版臺業字第○二○○號

有著作權．不准侵害

ISBN  978－957－14－6578－4  (平裝)

**http://www.sanmin.com.tw**  三民網路書店

# 文明叢書序

　　起意編纂這套「文明叢書」，主要目的是想呈現我們對人類文明的看法，多少也帶有對未來文明走向的一個期待。

　　「文明叢書」當然要基於踏實的學術研究，但我們不希望它蹲踞在學院內，而要走入社會。說改造社會也許太沉重，至少能給社會上各色人等一點知識的累積以及智慧的啟發。

　　由於我們成長過程的局限，致使這套叢書自然而然以華人的經驗為主，然而人類文明是多樣的，華人的經驗只是其中的一部分而已，我們要努力突破既有的局限，開發更寬廣的天地，從不同的角度和層次建構世界文明。

　　「文明叢書」雖由我這輩人發軔倡導，我們並不想一開始就建構一個完整的體系，毋寧採取開放的系統，讓不同世代的人相繼參與，撰寫和

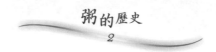

編纂。長久以後我們相信這套叢書不但可以呈現不同世代的觀點,甚至可以作為我國學術思想史的縮影或標竿。

2001年4月16日

# 自　序

對於一個想往學術路上走的學子來說，這本小書的寫作，是嘗試、是鼓勵；同時，或許也還是一種交待。閱讀與思考，以之為娛，則其樂無窮；以之為業，雖然愉悅依舊，卻難免因為少些對話而感覺孤寂。於是，能夠寫出心中所思，並且還能有供讀者閱覽的機會，在此就無疑是一種精神上的犒勞。

這本書寫的是食物的歷史。然而，天下的食物何其眾多？自是難以全部概括。不過，遺珠雖多，但以「粥」為主題的書中內容，還是能夠以個案的姿態展現我自己對食物歷史的一些看法。

被人定義、被人吞嚥，食物與人們的關係至為密切，但在對食物的描述裡，人們卻常常忘了自己也是主角之一。所以，這次以粥為題，除了粥本身之外，我有意特別留心那群包括我自己在

內的「吃粥人」。因為，那碗粥若真要說有些什麼
文化意義，也是我們所賦予的。

　　我人生的頭二十年，過得渾渾噩噩，證明之
一就是現在竟然很難再回憶起什麼細節。但這後
十年，卻因為師友們的扶持而變得很是富麗。就
像這次能夠側身三民書局這套文明叢書的寫作行
列，對我而言，就是這樣性質的人生經歷。感謝
三民書局對我的信任。感謝中央研究院歷史語言
研究所康樂老師、林富士老師、李貞德老師、李
建民老師、王道還老師的耐心與鼓勵，雖然他們
常自謙是我習學上的友人，但實際上他們卻是我
人生與知識的導師。感謝杜正勝老師、王德毅老
師、梁庚堯老師、梁其姿老師、邢義田老師，他
們都是引領我進入史學堂廡的師長，承他們不棄，
允許我這個鄙陋的學生受教十多年，並在一次又
一次的學習困境中，對我指引方向、伸出援手。
我還要向逯耀東先生致謝，因為我對飲食歷史的
興趣，最早是受到逯先生著作的啟發。

　　人過而立，對師長朋友常是心存感恩，但對
家人至親，則往往會圖思交待。因為，習學過程
裡的苦澀與徬徨，總會波及這些無辜，但卻又甘
心承負的人。我現在知道了！為什麼許多人都會
在他們著作的序言中寫道：「把這本書獻給我的親
人。」……因為現下的我，亦作如是想。

　　我誠心地把這本小書獻給三個人：我的父親
陳舜政先生、母親孫蓓蒂女士，還有我的妻子余
穎。面對一個性情古怪，兼有一堆堅持的兒子與
丈夫，真是辛苦他們了。

# 粥的歷史

# 前　言
## ——從「早餐Bar」開始的飲食習慣文化探索

三月裡的某一天，我因公出差，投宿在臺中的一家飯店。次日晨起，梳洗完畢，走進早餐Bar，一位服務小姐很親切地對我說：「左邊是西式的，右邊是中式的，您慢用。」於是，一頓中西並陳的豐盛早餐，便下了我的腸胃，撐得我連中午都沒再興起進食的念頭。不過，飽雖飽矣！但也還不到「吃飽了時睏」的地步，我的腦袋仍然能做些活動。而這本以「粥」與「飲食習慣」為主題的小書，便是這麼「吃」出來的。

其實，「早餐Bar」的場景，只要有過國內旅遊的經驗，大概人人都會碰上。然而，會去留心

這頓早餐所掩隱的文化意義的人，或許便不那麼多。就從供需的角度來看吧，作為賣方的旅館，之所以會將麵包、牛奶、奶油、起司、培根、熱狗與稀飯、醬瓜、腐乳、肉鬆、鹹蛋、豆絲合而並陳，當然是為了迎合買方顧客的需求。旅館不是只做外國人的生意，中外合璧的飲食內容，其實更是為著本地消費者而措置的。今日臺灣人的味覺結構，大概要比上一個世代來得複雜些。就像我吧！一個三十出頭的人，我吃的就很雜。在我日常的飲食生活裡，中式的饋餉當然還是主角，但外國料理亦常入我口。我父祖那輩的人，常會對外國的菜色統概排斥；但是，我的尺度就大得多，會被我許之為「異味」而難以下嚥的外來食物，其實少之又少。

在我看來，味覺容受對象的擴大，並不意味著傳統飲食習慣的失卻。就像旅館早餐Bar裡的稀飯一樣，它的存在全因源於人們的習慣。當然，在那個情景下，或許不是人人都會去吃它，但至

少也不會有人覺得那些「清粥小菜」擺得礙眼吧？在今天我們這個文化裡，稀飯之於早餐，就好比少林高僧之於武俠小說一般，它不必就是主角，但配角的位子終究還是能穩坐的。

　　在醞釀寫作這本小書前的那段日子裡，我逢人最常發話的問題有兩個：一是「你何時會吃粥？」關於這個問題的回應泰半是「早上」、「宵夜」或「生病時」。二是「你為何會在早晨、宵夜或生病時吃粥？」答案則通常是帶有「比較清淡」，抑或是「不傷腸胃」這類意思的認知。從「特定的時刻」到「特定的理由」，這些看似千篇一律的回答，其實是很有文化上的價值的。因為「普遍性」的「特定」，正意謂著「習慣」的存在。很明顯地，這個習慣並不只在於「吃粥」──這個外在行為上體現，這個習慣其實還有思想層面的判準與之相應。

　　飲食男女是人生之大欲，這話不但頗合現代人的脾胃，就連兩千多年前的孔老夫子都不能有

所置喙。對人類而言，這世上能夠與「性慾」比肩的享受，大概就非「食慾」莫屬。而與其他物種相比，人類社群的飲食行為似乎更常受到這「慾望」的驅策，並從而導歸出許多複雜的面相。舉例來說吧，同樣是吃牛肉，印度雨林裡的孟加拉虎只是為了裹腹，所以牠是生吞；但我們卻會在顧及裹腹需求的同時，別又以燻、烤、燴、燉……種種手法來整治那方生肉。換句話說，慾望常是促使人們追求「美食」的推手。在填飽肚子之餘，我們更會要求味覺感官上的滿足。不過，值得注意的是，「食」雖有「美」，但並不全然都是放諸四海皆準的「完美」，不同文化對於味覺美善的判斷，往往存在著一定程度的落差。這也就是說，我們會「習慣」於某種特定的口味，並將這種「文化性的主觀習慣」作為味覺上論斷「好吃與否」的標準。對於一份五分熟的牛排，我雖不至於難以下嚥，但血淋淋的視覺效果多少讓我有點心頭發毛；而我的外國朋友卻也曾對我說：「你們那種

紅燒牛肉，不過是在吃醬油味而已，有什麼好呢?」

　　我們這個文化一向不吝於自承好吃，我們的先民如是，而我們亦如是。談吃的作品，古今都可說是多如過江之鯽。然而，儘管我們在筆墨上對吃的慾望不加掩飾，但所採取的寫作視角，多少還是有些貧乏。就拿手邊的 *"HERE!"* 雜誌來說吧！這是本已然發刊三年的暢銷月刊，內容談的全是臺灣各地的佳餚美饌。值得注意的是，該刊對於每一種被推介的美食，都是以「圖片」、「地址」、「口碑」、「價格」與「一日營業額」等項目來加以鋪陳，可說是很典型的消費雜誌。且別小覷了這樣的刊物，在商業掛帥的社會中，它對當代臺灣人的口味多少也產生了些整合劃一的作用。其實，這種介紹味覺經驗的文字，不僅是今日人們對「飲食」的著墨大宗，就在先民的世界中，它也是主流。然而，我所思考的是，除了這古今一致的「大宗」與「主流」之外，我們對於飲食還能不能有別的看法？

　　作為一個歷史工作者，我並不輕看味覺感官
在飲食中所佔的分量。但是，我也不認為單純的
口腹經驗，便足以充填飲食行為的內在。對我而
言，吃不只是「咀嚼」、「吞嚥」，以及「追求美味」
而已。在我看來，「咀嚼」、「吞嚥」全是具有思想
性判準的行為。而對「美味」的追求，同樣也是
帶有主觀性意識的行為。更重要的是，不論是「思
想判準」，還是「主觀意識」，它們全都是文化的
一環，而在歷史的時空裡，這些文化性的判準、
主觀性的意識又全都具有混融一起，向下傳遞展
延的特性，它們還常以「習慣」的姿態呈顯在你
我的飲食行為中。所以，我認為「吃」（或說是「飲
食」）這個課題終究還是能有比較深刻的歷史可
談；而從「習慣」入手的探討，則或許是體現其
「歷史性格」的可行脈絡。

　　總而言之，本書所要談的就是關於飲食行為
裡的複雜組合面相。從吃的動作到吃的理由，再
到吃的想法，這些雜糅一處看似「習慣」的因素，

是我希望深入加以剖陳的對象。我對粥並沒有特
別的喜惡；不過，我吃粥的經驗卻很豐富。在我
的生命歷程裡，水米混一的粥，不僅常會在我的
日常三餐、宵夜裡出現，有時還會在生病、養痾、
補身，甚至是經濟告急的場合裡成為我飲食行為
的主角。我相信，我與粥的結緣，未必只是個人
的經驗，斯土斯民，有此經驗如我者恐亦不在少
數。天下美饌何其眾多！本書之所以獨鍾粥品何
故？只因其能適切地從「習慣」的角度，提供我
們理解日常飲食行為的可能形成脈絡。

# 臺灣的「吃粥商業」

## 臺北市復興南路的清粥小菜

　　泊車小弟的攬客聲、熙來攘往的覓食夜貓族，撩人目光的霓虹燈，午夜的臺北復興南路，正上演著一齣飲饌的嘉年華會。不知是從何時開始，這裡竟儼然成為臺北人宵夜的體面去處。一連六、七家庭宇高敞、裝飾華麗的店面，好像是一個師傅教出來的，迎面都是一條長櫃檯，上面擺滿了從素淨到油膩的各式菜餚，林林總總少說也有二、三十樣。有趣的是，這些花式繁多的菜色，其實不過是配角而已，人們來這兒消費，主要圖的還是那鍋不需要什麼高明烹調手腕就能熬出的稀飯。

復興南路的清粥小菜

雖說是宵夜盛地，但是臺北復興南路的飲食商家，還不只做深夜的生意。事實上，他們的營業時間拉得頗長，除卻午前的短暫整備時刻外，鐵捲門幾乎很少拉下。看來，臺北人來這兒消費，時間上的特殊考量說不定還是其次。那麼，此處聚集人氣的原因又到底是什麼呢？

從店名來看吧！這兒的商家雖然各有五花八門的店名，但在這些名目之下卻總是銜著「清粥小菜」的字號。事實上，此處所販售的「小菜」

也未可全以「小」言，除了少數充應門面的醬菜、
腐乳、皮蛋、肉鬆之外，絕大部分的菜色都屬於
口味濃重的一類，舉凡「辣子雞丁」、「蔥爆牛肉」、
「宮保魷魚」、「滷焢肉」、「燉豬肚」等家常下飯
的葷餚，在此幾乎是家家可見。我常在想，復興
南路的粥舖，其實販賣的是一種複合式的味覺。
他們既鹹且膩的菜色，一方面，可以迎合一般人
的日常飲食習慣；二方面，粥的樸素型態，卻可
以在不改變既有口味的前提下，為消費者的飲食
行為做健康層面的解套。換句話說，粥之「清」
或許才正是買賣雙方的交易重點。在這兒，顧客
的大宗很可能都是些抱持著「今天吃點清淡的」
這般心情而來的人，他們其實並不在意「小菜」
為何，因為「清粥」才是他們想吃的。由此看來，
「清淡」之名，倒是「因粥而生」，而非「菜小」
之功。

　　「清淡」的考量，自是不能概括全部，純為
追求味覺快感而去吃清粥小菜的人，應該也是所

在多有。在此，粥的地位或許不若它在「清淡」的訴求場合裡來得吃重，但它仍然承負了「襯托」與「對比」的功能。我好幾位同事都曾經告訴我，他們覺得同一道菜在「清粥小菜」吃，常會比在別處吃更有味道。而我覺得這種「味覺加分」的作用，或許正來自於這「小菜」是「與粥共食」的。因為，滋味單調的粥，不僅可以稀釋濃重口味所帶來的膩滯感，還能在淡化之餘烘托「小菜」的原味。

「清粥小菜」不是臺北市復興南路商家的禁臠，同樣的賣點，還遍及全臺各地，並且發展出連鎖經營的規模。例如，臺南市有一家名為「96清粥小菜」的粥舖，便在短短的三年內在臺中與高雄成功地開設了七家分店，其生意之興隆著實引人注目。此外，部分原先以經營其他飲食型態而聞名的餐館，也開始對這個新興且利潤可觀的市場表示興趣。就像臺北的「鑽石樓」，它原本是一家以「港式飲茶」聞名的茶樓，東伙也全來自於

香江。然而，有趣的是，這麼一家以羊城口味發跡的餐館，竟然也在商業的競爭下，將「清粥小菜」列為宵夜的主打（廣東人不是不吃粥，但吃的方式卻不相同，下詳）。看來在今天，有「菜」相配的「粥」，倒確實是能切中當代臺灣人飲食需求的商品。

## 加盟經營的「食神廣東粥」與「源士林廣東粥」

不同於「清粥小菜」的「粥」、「菜」兩分，羊城風味的廣東粥品則是所謂的「料粥」。講究的廣東粥，是先將各式粥料切得飛薄，再將熬到極熱的明火白粥澆上，然後才加以調味。此時，粥清料熟，吃的是個鮮字。不過，這等手法，得失全在乎一心，並不是人人都可拿捏得宜的。因此，今天比較大眾化的作法，是先用豬骨或雞、鴨骨與米混煮熬成「鍋底」，再視粥品所須，將這份鍋

廣東粥車

底與生鮮一類的材料共煮而成。

　　過去十數年，臺灣廣東粥正在大行其道。除了是標榜「正宗粵菜」的大餐廳的當然菜色外，這種混合粥品還深深地融嵌在我們的日常飲食生活裡。如斯的印象大概人所共有：一輛1000cc的藍色小發財，車身上架著個帆布篷，載著幾只直立加蓋的大型不鏽鋼筒，分別盛著「皮蛋瘦肉粥」、「雞茸玉米粥」、「牛肉粥」……等粥品，這些全是廣東粥的口味，價錢則約莫是在二十～三十元

之間。在我讀書的那個年代，早飯與午飯常常便是以這粥來裹腹的。

廣東粥車的身影近來已不易看見。尤其是臺北市，二十世紀最後五年，先是個陳水扁、又來個馬英九，把個交通整治瞧得個比天還高，必須要「停車」才能做生意的「粥車」行當，自是大受壓縮。不過，口味的市場既已建立，終究是有權變之道。代之而興的，則是據點固定，採取加盟店形式的粥攤，而「食神」與「源士林」則是其中買賣做得最響亮的。

「食神」是起家於臺南的粥攤，其後才逐漸做出規模。「源士林」，顧名思義，是起源自臺北的士林區，而在我的印象裡，「士林夜市」就是老板發跡的地方。這兩家粥舖都是以廣東粥為號召，而其經營的方式也都不約而同地採取了加盟的形式。此中，「食神廣東粥」號稱全臺加盟店超過兩百家，而加盟總公司則一手主導材料的供應、菜單的內容、招牌的形制，乃至於工作檯的外觀。

源士林廣東粥

他們的粥品，名目極多，舉凡「皮蛋瘦肉粥」、「狀元及第粥」、「魽仔魚粥」、「皮蛋牛肉粥」、「玉米雞肉粥」、「翡翠魽仔魚粥」、「魚生粥」……等等，即使比之規模弘大的粵菜餐廳也不遑多讓。至於「源士林」的加盟規模則或許小些，所販售的粥品名色也少些，但各加盟粥舖一樣得在材料、烹調，乃至於市招上遵循總公司的規劃。很明顯地，這樣的經營方式，主要還是建立在創始店既有口碑的「延伸」之上。而那一樣的外觀、一樣的內容，以及一樣來源的材料供應，則無疑是業者用來作為口味保證的手段與幌子。

　　「加盟店」的存在與擴張，反映廣東粥品在臺灣社會深入紮根的實況。當然，這並不是說擁有舖面且採「單兵作業」的自營廣東粥店就很稀見，但這類商家終究不若「源士林」或「食神」之流能夠清晰地反映相關的消費情狀。

# 臺南市的「阿憨鹹粥」與「阿堂鹹粥」

臺南堪稱臺灣傳統小吃的故鄉，這兒的著名吃食，除了「米糕」、「蝦捲」、「擔仔麵」、「鴨肉羹」、「香腸熟肉」、「浮水魚羹」之外，還有就是膾炙人口的「虱目魚粥」。臺南比較有名的「虱目魚粥」只有兩家，一家過去在「廣安宮」廟埕前，後來廟拆了，就移到現址公園西路繼續做生意，這就是有名的「阿憨鹹粥」。據說日本的NHK與臺灣的TVBS都曾經在節目中介紹這家粥攤。另一家則名為「阿堂鹹粥」，開在西門路上，其實賣的還是「虱目魚粥」，這家也是聲名遠播，道地的臺南人很少不知道這一家。

臺南「虱目魚粥」的底子，其實是閩南泉州的「半粥」作法，「以魚名粥」不過適逢產地，虱目魚易得而已。因此，就這一點而言，「阿憨」、「阿堂」之以「鹹粥」為名，大概還是從烹調方

式上來考慮的。因為，泉州人做「鹹粥」習慣先將豬、魚的骨頭放進大鍋中熬製湯頭，再將生米放入骨頭湯中煮至將開未開之時，然後把握時機將魚肉和牡蠣放入氽燙，最後再加上肉燥、大蒜酥，以及芹菜或香菜。這種作法，米粒不致糜爛，比較有咬口，因此稱為「半粥」。所以，同樣是「半粥」，在使用虱目魚作為粥料的情況下，除了「鹹粥」之名外，當然也可以稱作是「虱目魚粥」，但如熬的是大骨湯、添的是豬肉絲、芋頭絲、香菇絲，就成了夜市裡常見的「鹹粥」了。

臺灣是個以閩南移民為主體的多族群社會，閩南人的傳統口味自是有其深刻的影響。就拿「鹹粥」這件個案來說吧，最吸引我目光的倒還不是商業式的販賣，而是我那位正就讀於「新竹縣竹北市中正國民小學」的小姪女所給我的「八十九年十一月營養午餐食譜」，這是他們學校發給家長參考的文案，其中十號週三、二十六號週五的午餐便是「鹹粥」與「菜包」。更有趣的是，當我上

網搜尋這類國中、小學的營養午餐菜單時，我發現這個月中午會吃「鹹粥」的，還不只竹北的小朋友而已，「臺北市文山區博嘉國民小學」、「苗栗縣大同國民小學」、「高雄縣旗尾國民小學」、「高雄市苓雅區凱旋國民小學」都會在本月吃到以「鹹粥」為主食的午餐。我們切莫忘了，如今這個世代，小朋友人人可都是家裡的寶貝，學校準備營養午餐，必定是戒慎恐懼，除了衛生之外，還得在口味上迎合學生與家長的認同。如此看來，從北到南「鹹粥」之所以能蹤跡屢現，或許正有賴其口味能夠符合大眾的舌尖味蕾吧？

## 桃園市大興西路上的「鴻記養生粥」

桃園市臨近北二高交流道，有一家門面古雅的粥店，大紅柱，琉璃簷，遠看倒還真有幾分宮宇的典麗氣派。他家雖然也賣的是粥，但菜色、訴求卻大不同別個商家。這位老板姓鄧，賣的是

鴻記養生粥

「養生粥」。

我曾經很好奇的請教過這位「鴻記養生粥」的鄧老板，為何會以「養生粥」來當作營業內容。他告訴我，他原本是和人合夥經營日本料理店的，但由於東伙不合，所以便退下來在路邊擺起鹹粥攤來。不過，攤販的生意並不好做，每天的營業額常

鴻記的菜單

常不敷家計。於是，他便開始思索新的生計。鄧老
板說，由於他個人是挺喜歡涉獵些傳統文化中有
關養生方面的知識，所以最後就選定了「養生粥」
——這個既合他興趣，且又是他熟稔技藝的商品
經營起來。

　　細看「鴻記養生粥」的粥品名目，確實是與
其他型態的粥店不太相同。除了「魩仔魚粥」外，
像「豬肉紫菜粥」、「蘿蔔牛肉粥」、「麻油雞肉粥」、
「麻油鱸魚粥」、「豬腰香菇粥」、「何首烏棗粥」、
「蟹肉粥」等均是些其他商家少見的粥品。鄧老
板說，他店裡這些養生粥，都是有古典可考的，
並不是他自己亂掰的。

　　「鴻記養生粥」的存在，對於我這麼個以傳
統醫學食療理論當作個人研究主題的人而言，是
很大的鼓舞。因為，這個開張業已四年的粥舖，
不但生意鼎盛，還發展出連鎖的經營系統，凡此
種種都顯示我們這個社會對於傳統醫學「食療觀
念」確實具備著一定程度的「容受」的能力。除

此之外，有關「傳統醫學」與「西方醫學」在今日臺灣社會裡共同存在，但又頡頏爭競的實況，在這個個案裡也體現得很清楚。從附圖裡可以發現，「鴻記」MENU上所臚列的粥品名目之後，原本還跟著諸如「清肺化痰」、「益腎補元」之類的傳統醫學語彙，但這些文字卻已被用黑筆劃了一條長槓。據鄧老板說，這是為了防備政府衛生藥檢單位以「誇大療效」為由而有微詞的權宜之計。有趣的是，現實雖是如此，但當我問說：「這樣閃躲豈不讓你覺得挺冤？」老板的回應竟是：「反正大家都曉得我要說什麼就行啦！」可見傳統醫學的補養觀念在臺灣是人所共知，未必需要西方醫療體系的背書。

從口味上來說，「鴻記」的「養生粥」用料實在、烹調考究，最妙的是藥味並不濃重，完全不會給人「吃藥」的感覺，確實堪稱粥中雋品。不過值得注意的是，根據鄧老板的說法，原本得之於古典的「粥方」，有許多都帶有濃重的藥味，實

在很難下嚥;而目前的口味是他歷經無數次試驗
才得出的心得。他的作法是:將藥材先用極濃的
柴魚湯滾過,讓柴魚的甜味稍稍中和部分藥物的
極端味道,再用這湯汁入饌做粥。就這一點看來,
鄧老板的「養生粥」,也可以說是帶點「和風」的
料理吧?因為「柴魚高湯」原本便是日式料理的
基本提鮮工具。

## 「光泉」與「美極」的「速食粥」

光泉公司是臺灣數得上數兒的食品公司,他
們的乳類與飲料製品,早就不聲不響地融入我們
的生活周遭。近年以來,光泉開始投入「速食」
的市場,推出了「尊爵美食速食粥」的產品。以
下這段文字,則是該公司在網路上用做宣傳的文
案內容:

你不再只有選擇高熱量且油膩的泡麵當宵

夜，光泉尊爵美食速食粥是低熱量的健康食物，它的熱量比泡麵少一半以上，且光泉尊爵美食速食粥是以各種真材實料熬煮而成，再以冷凍乾燥製成，吃起來就像剛煮好的一樣美味，只要沖入熱水後攪拌一下，立即可享受一碗熱騰騰，好吃又不油膩的低熱量點心。肚子餓了沒？光泉尊爵美食速食粥是宵夜的好伙伴。

二十一世紀競逐速食粥市場的品牌，還不只光泉這等本土企業，國外的跨國企業，一樣有介入這市場的動作。西元1980年，以「雀巢咖啡」(Nestle Coffee)打進臺灣市場的瑞士雀巢公司，近年來也以副牌"Maggi"的名義，推出了「美極好粥到」的速食粥商品。以下，則是這個產品的網路版文宣：

由於現代人生活忙碌，容易飲食不正常，不是忽略正餐，就是經常外食油膩。其實，

吃點粥，既可充飢、又清淡爽口可調和沉重的腸胃。「美極好粥到」的低熱量、營養、方便又美味，便是提供給現代人早餐、點心、宵夜或加班充飢時最周到的選擇。

我們可以發現，「美味」、「清淡」、「早餐」、「宵夜」、「充飢」、「營養」、「低卡」、「健康」這八項要素，基本上是這兩種品牌「速食粥」的共同行銷訴求。我們不妨回想一下，這些商業文字所描述的賣點，有哪一種不曾在前面所提及的「各式粥商業」裡展現身影？臺灣人對於「粥」的消費訴求，其實已然被「封存」在「速食粥筒」之中。「面面俱到」、「一網打盡」，大概是商人們在撰寫廣告文案時的主要考量吧？

儘管食品業者的宣傳文案，可以看作是當代臺灣「食粥商業」的縮影。但同樣值得注意的，則是「口味」的部分。此中，光泉公司的「尊爵美食速食粥」系列，共有「香菇赤肉粥」與「皇

饌鮭魚粥」兩種商品；而Nestle-Maggi公司則有「牛肉」、「海鮮」與「海帶魩仔魚粥」三種。由於這些公司賣的都是「混合粥」，況且也並沒有明確揭櫫其產品的「傳統醫學食療功能」，所以我們得先將「清粥小菜」與「食療粥」這兩部分排除在商家的「口味考量」之外；然而，即便是如此，我們還是可以發現，臺灣本土的「鹹粥」，以及粵菜底子的「廣東粥」，仍然是當代臺灣食品工業所側重的味覺藍本，而這兩者也正是我們日常所習食的粥品口味。

我年齒未長，也不是美食家。然而，不懂裝懂，外行人之所以說內行話，卻是出於我想要在後嗣的章節裡，對「粥」這個課題再多做些歷史探索。換句話說，上述種種的寫作目的，其實只是一種前置作業，一段引領讀者共同思考的楔子。我雖不是統計學家，也沒能力去搞些確切的數據。但我相信，商業型態的存在，還是可以作為一個側面的觀察起點。畢竟，生意是得有市場的，以粥

為體的經營，既然能以形色姿態存在於我們這個
社會裡，就必定有其容受的人群。因此，食粥習
慣的普遍性證成，在這個層次上倒是無甚疑慮的。

　　總的來說吧！在我的概念裡，我覺得「粥」
與今天臺灣社會芸芸眾生的互動，從「認知」到
「訴求」，再進一步到「行為」，每一個關節都可
以在歷史的時空中追尋其淵源。我得申明的是，
在這本書裡，我並不預設自己是一個單純的懷舊
者，我也不想只談一些雞毛蒜皮的掌故。就算是
「小題大做」吧！我還是希望能在「粥人關係」
上做些「溝通古今」的工作。我認為，若要談飲
食的文化，還是得從文化的今昔裡去追尋飲食的
身影。因為，唯有如此，我們才知道自己為什麼
會這樣吃？怎麼會吃這樣的東西？而飲食的文化
則自在其中。

# 粥的起源

## ——從穀類的粒食辦法談起

三國時代，蜀國有一位名聞當世的大學者，這人名叫譙周，他曾經對烹飪中饋之術的起源發表過看法，譙周是這麼說的：

黃帝始烹穀為粥，蒸穀為飯，燔肉為炙。

就這麼短短幾句話，「廚藝」便又是黃帝的發明！翻翻古書，「黃帝發明」還真是不少，除了牛車、馬車是他老人家的發明外，我們老祖先用來打獵的弓箭、汲水的水井、欣賞的音樂、過日子用的日曆、還有防迷路的指南針，都被認為是黃帝的創造。現代人對這些古代認知，大概是很難盡信

黃帝陵祭典

的。本來嘛！黃帝他老人家也只是個人，哪有那
麼大的能耐？當然，既有像「發明大王愛迪生」
這樣的前車之鑑存在，有人硬要把「弓箭」、「水
井」、「指南車」這些不知起源的「小東西」說成
是黃帝創造，一時倒也不易辯駁。但是，再往大
處想想，若說黃帝之前的人們都不知道「飯要煮，
肉要烤」，也不知音樂為何物，天天還過的是「不
知今夕是何夕？」的日子，則未免有點誇張了。

黃帝像

黃帝那個時代，總不會人人都平庸愚昧，只他一
人出類拔萃吧？

　　古人把部分與日常生活攸關的事物看作是黃
帝發明的表現，其實就像是許多宗教將萬物源起
視為是神祇所為的一樣，都是人們在「苦無證據」
的情況下，想要對事物起源加以解釋時的一種思

考方式。有關三國人物譙周對於「烹調起源」的說法，生存在今天的我們應該這麼看才對——這是一種不知發明人是誰，但卻源遠流長，或許早在文字載記以前就存在的技術。

　　一個人的言論有沒有價值，常常得看「聽話者」或是「閱讀者」採取的是哪一個角度而定。在符合現代標準的「真實性」訴求範疇裡，三國譙周的言論當然無異於「夢囈」；但在「日常生活」的層面上，譙周的說話就有點意思了。我們至少可以這麼認為：三國時代的人，不但會吃烤肉，還會把穀物蒸成飯，或是煮成粥來吃。

　　飯與粥，生活在今天的我常吃，比我早一千多年的三國譙周，他想必也常吃。雖然時空有別，但我們這個文化圈對於「穀物」的處理方法卻是古今略同的。再往上想想，比譙周更早的人會怎麼對待穀物呢？他們會不會有別的作法？我們又要上哪去找這樣的歷史記載呢？

　　與這問題有關的證據，不在書裡，而在地下，

在二十世紀以前，它們已在地底待了五、六千年
了，誰周運氣不好，沒能目睹這些「地底資料」，
只好把他日常吃的東西，一股腦的都說成是黃帝
的發明。這個「專利權」的授予，倒還真是便宜
了黃帝！

　　談起內容足以覘見早期穀物處理辦法的「地
底資料」，其實指的便是二十世紀考古學在中國大

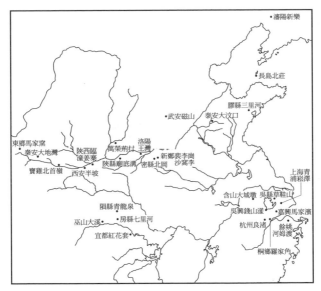

新石器時代文化遺址分布圖

大地灣遺址　　　　　　半坡遺址

陸的發掘成果。就時間上而言，這些資訊主要是限定在文字載記之前的遠古時期。用考古學的語彙再說得清楚些，就是距今大約四千～九千年前的「新石器時期」。以下，我權且先以「物種」、「加工」，以及「炊具」三個部分逐一簡介當代考古學的相關發現，並與部分歷史時期的相關文字載記對照印證，再逐一論述其所可能體現的「粒食辦法」。

# 考古出土的穀物種類

傳統古典對於日常粒食，向來有所謂「百穀」、「九穀」、「六穀」、「五穀」等泛稱。其中，「百穀」之說，多見於《易經》、《詩經》、《書經》、《春秋》、《國語》等以西周或東周前期為時代背景的著作裡，而戰國以下的史著與諸子書，則用的多是後三種。

「穀」以「百」數，其細部當然無法一一列舉，這樣的辭彙想必也只在描述粒食品類的繁多。事實上，就算是對「九穀」、「六穀」、「五穀」這般「有數」的粒食種類，古人的說法也不盡相同。例如，同樣是「六穀」，《呂氏春秋》指的是粟、黍、稻、麥、豆、麻；但鄭玄卻將《周禮》中的「六穀」，說成是稌、黍、稷、粱、麥、苽。甚至，同一種文獻對於同數粒食的種類，也頗有出入。在《禮記‧月令》中，天子用麥、豆、黍、稷、

麻等五穀以祭明堂，但祀太廟時使用的卻是麥、
黍、粟、麻、稻。

事實上，先秦古籍所言及的穀物種類，除了
少數為原典所載以外，絕大多數都是漢代學者解
釋古代經典的說辭，他們的說話內容是不是真的
能反映前代的實況已是未定之數。更遑論各種說
法的出典背景，若非是對土田所出各種作物的泛
論，便是涉及特殊典禮的場合，它們與人們日常
所食之物終究有多少程度的疊合恐怕也還是值得
商榷的問題。相形之下，《禮記‧內則》講述侍奉
父母、翁姑的米穀品類如麥、稻、黍、粱、秫，
以及日常熟食的黍、稷、稻、粱、白黍、黃粱、
稰、穛等，或許還更能反映當日尋常的粒食概況。
因為，〈內則〉所述及的米穀種類，並不限於泛稱，
有時還兼及同一物種的不同品類。例如「黍」有
赤、白、黃、黑數種，一般不言何色時概指「黃
黍」言，〈內則〉則多列「白黍」以別之；而「粱」
即「粟」之異名，種類亦多，故亦有「粱」與「黃

梁」之別。除此之外，該篇之中還有以米穀性狀
為總名者。例如，「秫」是指黍、稻之黏者；而「稻」、
「穬」，則是表述穀物生熟狀態的名稱。我認為，
〈內則〉中所述及的這些穀物，既不強合九、六、
五之數，又能涵括同類穀物中的異種。因此，在
一定的程度上，或許正可以反映周秦間食用米穀
的多樣性實態。

　　撇開異名別種的問題不談，周秦時人的主食，
大概就是《禮記‧內則》所述及的黍、稷、粟、
稻、麥這五種穀物。不過，這些填飽古人肚子的
穀物，也不是憑空就蹦出來的。當代考古出土就
顯示，早在現存文字載記所能涵蓋的時間斷限之
前，相同的物種便已成為遠古先民維繫生命的憑
藉。有些研究還指出，除了晚出的小麥之外（下
詳），考古出土的新石器時期的黍、稷、粟、稻，
有許多都可以確定是人工栽培的作物，而不是採
集自野生的粒實。就這一點看來我們老祖宗所吃
的東西，其實和先秦時人也沒有什麼差別。以下

就按照順序，為這些穀物「講講古」：

## 黍、稷(Panicum miliaceum & Setaria italica)

有些學者認為黍、稷是一類兩種，皆屬於禾本科的黍類，他們接受古人以口感分類的看法，把粒實軟糯的一種稱之為黍，比較粳（乾）硬的一種則以稷名之。不過，近來也有很多學者把稷視之為粟(Setaria italica)的一種。由於這樣的看法，有堅強嚴謹的考據為背景，晚近接受這派說法的學者也愈來愈多。

不論如何，黍、稷都是一年生的草本植物，穀粒也都有殼包覆，適生於寒冷乾燥的氣候。此外，這兩種植物還耐旱、耐鹽鹼，基本上能夠符合黃土高原的地理條件。因此，在商、周兩代的大部分時期裡，它們很可能都是主要的糧食品類。事實上，現存的古典文獻多少也透露出近似的訊息，例如在《詩經》中，這兩種穀物的名稱便出現多達四十餘次，其為先秦重要糧食的事實亦可

由此見證。

考古成果顯示，黍、稷其實早在新石器時期
便已然成為食用的穀物，粒籽的出土主要集中在
長江以北，尤其是華北與東北這兩個區域。下表
則是幾個比較重要遺址的出土概況：

| 名　稱 | 地　點 | 距今年代 | 出土概況 |
|---|---|---|---|
| 秦安大地灣 | 甘肅省渭水流域上游 | 7300–7800 | 少量炭化穀物種子，經研究確定為黍 |
| 荆村遺址 | 山西省萬榮 | 6000–7000 | 黍、稷殼 |
| 北莊遺址 | 山東省長島 | 5380–5682 | 黍殼 |
| 姜寨遺址 | 陝西省臨潼 | 5545–5781 | 黍朽粉 |
| 新樂遺址 | 遼寧省瀋陽 | 6770–7048 | 炭化黍粒 |
| 馬家窯遺址 | 甘肅省東鄉 | 4504–4882 | 黍之植株、花序、種子 |

可以發現，新石器時期的黍、稷出土，主要是集
中在黃河流域的中游，這基本上是符合前述有關
這兩種穀物的生長特性。再從出土物中屢以「殼」
見的狀況看來，黍、稷作為先民糧食的推測大概
也是不差的，因為，對於這兩種物類而言，「去殼」

正是一種以「食物」為前提的「加工」手續。

## 粟(Setaria italica)

粟，即是今天俗稱的「小米」，與黍、稷一樣，亦屬禾本科的一年生植物。粟的粒實有殼包覆，其生物特性是生育期短、耐乾旱、耐瘠薄，且耐長久藏儲。粟的環境適應力極強，往往在其他作物難以生存的山坡地或水資源缺乏的地區，粟卻能保持一定程度的穩定收穫量。證諸周秦古典，粟也是文獻中常見的穀物，應是當日先民的主要食糧。

粟的歷史一樣可以上推至新石器時期，相關出土的地點則以華北黃河流域為主，比較突出的遺址挖掘則概如下表所陳：

| 名　　稱 | 地　　點 | 距今年代 | 出土概況 |
|---|---|---|---|
| 磁山遺址 | 河北省武安 | 7948–8005 | 成堆粟殼 |
| 裴李崗遺址 | 河南省新鄭 | 7445–8415 | 炭化粟粒 |
| 沙窩李遺址 | 河南省新鄭 | 7070–7370 | 炭化粟粒 |

| 半坡遺址 | 陝西省西安 | 5635–6115 | 炭化粟堆與裝罐炭化粟粒 |
| 三里河遺址 | 山東省膠縣 | 3777–4032 | 藏粟窖穴 |
| 王灣遺址 | 河南省洛陽 | 4142–4465 | 灰砂罐壁有粟痕跡 |

以考古出土的成果來說，粟作為上古先民的主要食糧，其證據要比前面的黍、稷更堅強些。尤其是山東省膠縣三里河遺址所出土的一整個充滿粟粒的窖藏，就很值得我們留心，誠如這個遺址的發掘報告所云：「這可能是當時一座存放食糧的庫房」。又如陝西省西安的半坡遺址，雖然只在遺址的地窖內出土了「炭化粟堆」，但這「粟堆」的厚度卻高達十八公分，我們不難想見在尚未腐朽前的穀物數量一定也很可觀。總之，在新石器時代裡，黃河流域中、下游都出現了以小米為主要糧食的文明。「半坡」與「三里河」應該是典型，而不只是特例而已。

## 稻(Oryza sativa)

稻是禾本科的一年生植物,其栽種的歷史十分久遠,品種也很繁多。不過,在古代的中國,主要還是將稻穀的種類以「黏」與「不黏」分成兩大類。其中,黏的那一種被稱作「粳稻」,而比較不黏的一種則是所謂的「秈稻」。有些研究中國古代稻作的學者認為,「秈稻」是出現較早的栽培稻種,主要分布在古代中國大陸南部的熱帶和淮河以南的亞熱帶低地,是栽培稻的基本型。而「粳稻」則可能是在栽培演化過程中,為了適應較溫涼地區而發生品種變異的氣候生態型。不過,總的來說,不管是哪一種稻,大多都還是適生於氣候溫暖、雨量充沛、年均溫在十七度以上的地區。與前面的黍、稷、粟一樣,稻的粒實也有殼包覆。

新石器時期的稻穀遺存,目前已發現的約有七十處。其中,長江下游的太湖地區分布最為集中,其次則是長江中游與漢水流域,而臺灣、福建、廣東、江西、雲南、河南、山東也都有若干

發現。下表所示即為其中的一些遺址例證：

| 名　稱 | 地　點 | 距今年代 | 出土概況 |
|---|---|---|---|
| 羅家角遺址 | 浙江省桐鄉 | 6990-7190 | 秈稻較多，粳稻較少，多為無胚米粒 |
| 河姆渡遺址 | 浙江省餘姚 | 6820-7080 | 秈稻較多，粳稻較少，炭化穀粒堆積厚度約在10-80cm |
| 草鞋山遺址 | 江蘇省吳縣 | 6085-6459 | 秈稻與粳稻約各半，多為炭化之團塊 |
| 崧澤遺址 | 上海市青浦縣 | 5300-5900 | 粳稻為主，包括穀粒與稻稈 |
| 錢山漾遺址 | 浙江省吳興 | 4528-4882 | 成堆炭化稻穀 |
| 大城墩遺址 | 安徽省含山 | 3456-3672 | 成堆炭化稻穀 |

可以發現的是，稻米在古代中國大陸的存在，是可以上推至相當早的時代。其中，尤其值得我們投注目光的，就是在表格中位居第一、第二的「羅家角遺址」與「河姆渡遺址」。不過，我們之所以說要對這兩地區的稻米考古成果多加注意，也並不是因為它們的年代最久遠，而是由於這兩個遺

址的出土稻穀概況，可以間接告訴我們稻米在先民社會裡的食糧地位與食用辦法。像「羅家角遺址」的「無胚米粒」，便告訴我們當時人們吃的是脫殼後的米粒，而「河姆渡遺址」厚度高達數十公分的穀粒堆積，則說明當時人們對稻米的依賴，必定也達到相當的程度。

## 麥(Triticum aestivum)

麥的種類很多，像小麥、大麥、燕麥、黑麥等植物，我們通常都以麥類來總稱。不過，此處的Triticum aestivum，指的是小麥。與前面已經介紹過的黍、稷、粟、稻一樣，小麥也是屬於禾本科的植物。不過，麥在古代中國的出現歷史，並不是很久遠的。至少，它不像黍、稷、粟、稻等穀物，可以將其在先民日常飲食生活裡的出現時間，往前推溯得那樣早。有些學者認為中國的小麥是傳自於西亞的外來作物，有些日本學者還指出這種作物是西漢張騫出使西域後才帶回中國的「舶

來品」。除此之外,也有一些研究者主張古代中國的小麥,應該還是有獨立起源於本土的可能性。

支持古代中國小麥是原產,而不一定是來自於西亞、抑或是西域的證據,依然是考古出土的發現。其中之一,是1982年在中國大陸陝西省發現的「趙家來遺址」中,有一座半窯洞式的房子,其牆壁係由小麥稈混製而成。研究者指出,這座房子是龍山系統文化的遺存,距今已有四千多年的時間。其二,則是1986年有學者在甘肅發現了數百粒炭化的小麥種子,學者根據該遺址的黑炭土標本,推定其時間大約距今已有五千年之遙。其三,是1955年在安徽發現的西周炭化小麥遺存,距今約有二千五百多年。不過,總的來說,有關小麥的考古出土,還是不如其他穀物來得普遍、豐富,所以其證據力的強度,也就比較薄弱。像在「趙家來遺址」中,雖然出現了麥稈,但那終究只是牆壁的製作原料;而甘肅炭化種子的出土層位也不清楚,很難僅根據遺址土壤年代來做推

定。所以，比較安全可信的資料，就只剩下安徽的西周小麥遺存，但其時間卻已屬晚出。不過，可以肯定的是，至遲到西周時期，小麥已有一定程度的栽種。因為，在這個時期裡的小麥身影，除了在考古出土的遺跡中現形外，還出現在像甲骨文、金文、《詩經》、《左傳》這類文字記載裡。

## 包在硬殼裡的食物

臺東的池上鄉，位在海岸山脈與中央山脈之

池上鄉的稻田

間的縱谷平原上，那兒的夏季景致是極其旖旎的。
池上就是如此地顯眼！那樣地光鮮！她包夾在兩
座蒼翠巍峨的巨山之間，頭上頂著的是藍天白雲，
腳下踏著的可是綠絨地毯。晴空萬里，當然只能
抬頭仰望，但綠色的大地，卻可以用身體感受。
這裡，是臺灣重要的食米產地，也是我這個吃了
三十多年白米的都市人，第一次觸摸那飼育我成
長的穀物之處。

　　沒有親身體驗的人，大概很難想像你每天碗
中的粒粒白米，原本是這樣一個模樣：在大約一
公尺左右的草質稻稈之上，頂立著一堆叢聚的粒
實，而每一顆粒實都由柔韌的外殼包裹著，殼上
還長著細細的芒刺。這是米粒的原狀，那供給我
們每日身體所需的能量來源，本是被一層外皮緊
密保護著。新熟的稻實，外殼可以用手捏破，但
殼中之物卻沒有我們從超市買回那種袋裝白米的
粒粒硬實，而是軟軟的狀態。鄉間農家的加工辦
法，是將一粒粒的帶殼穀實從收割後的稻莖上打

下，經過曝曬乾燥後，才將稻穀碾去。此時，那殼中之物，才是我們每天洗米做飯時所觸摸的米粒。

在前面的討論中，我們已經知道黍、稷、粟、稻這四種禾本科植物，早在文字出現以前，就已經成為遠古先民的主要糧食，而小麥的出現歷史雖然較晚，但至遲到先秦時期，這種穀物也開始出現在人們的飲食生活中。然而，我們要進一步追問的是，我們的先民究竟是使用怎樣的方法去處理這些穀物？這個問題看似平常，但其實卻相當重要。因為，想要搞清楚古人所吃的東西到底和今天的我們有何異同，就非得做這番揣度不可。

今天的穀類在成熟後，大多都要經過收割、打穀、曝曬、去殼等程序。事實上，這些過程對我們遠古的那群先民來說，大概是一點也不陌生的。我們雖然沒有文字性的證據可以證明他們「收割」、「打穀」的行為，但從前面所介紹的新石器時代各種遺址出土糧食多為「粒實」的狀況看來，先民顯然是知道這兩個步驟的。再說說「曬穀」

吧！情況也是一樣的。雖然也缺乏相關的文字記載，但從先民遺址中時或出現的那些「庋藏穀物」的「窖穴」與「陶罐」看來，先民們一定也有曬穀的知識與行為。因為，新鮮的粒實如果沒有經過乾燥的處理程序，是會發芽而無法儲藏的。

其實，收割、打穀、曝曬猶可說是人們收藏穀物的辦法，但如何將「穀物」變成「食物」，則非得有「去殼」這最關鍵的步驟不可。事實上，不只是稻，所有禾本科植物的種仁，全都有一層外殼裹覆著。我曾經咀嚼過新熟尚未去殼的稻粒與粟粒，它們的外殼硬度雖然不至於繃得你牙疼，但那又老又韌的口感也確實讓人難以下嚥。因此，去殼的動作，就成了禾本科植物的粒實在作為人們日常食糧之前，一項不可或缺的加工程序。

成熟後的禾本科植物種子，雖然有殼保護，但用手指微一使勁兒，便能將殼捏破。曬乾後的粒實外殼，則是酥脆的狀態，稍加搓揉也能將其化灰褪去。然而，粒實才多大體積？小小一個飯

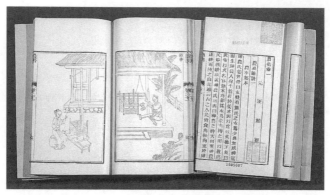

王禎《農書》

碗便不知裝得下幾千幾萬粒穀子！所以，器械工
具的使用，仍然是必需的。關於穀粒去殼的工作，
今日農家早已採用機器化的「去殼機」，再先進一
點的還有使用將「稻穀脫殼」、「穀實分離」，以及
「糙米精白」合併為一的「三機一體」的「礱穀
精米聯合機」。不過，即使在電力機械尚未大興的
年代，曬乾的穀粒也不是以手工來進行脫殼的程
序，古代的先民一樣懂得利用器械來提高脫殼的
速度與分量。生存在元代的大農學家王禎，就曾
在他所撰寫的《農書》裡，介紹了當時常見通行

戰國時代石臼

的幾種相關農具,從最簡單的「杵臼」,到利用簡
易機械原理的「碓」、「礱」、「輾」、「磨」等,種
類、形制還多得很,並不只一種而已。

王禎生存的年代其實已不算早。他是元代人,
距離今天也不過就是七百多年。王氏說,在他那
個年代裡,雖然有如同上述各式各樣的去殼器具,
但「杵臼」仍然是被使用著。不單如此,他還指出,
當時其他的相關工具,其實都是以「杵臼」為原型
進一步發展而來的。王禎認為,「杵臼」的由來是

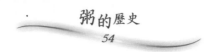

相當久遠的，早在黃帝的時候就已經存在了。

　　元代王禎對於「杵臼」起源的看法，並不是隨便亂說的。他是個讀書人，曾做過兩任縣令，官聲很好，肚中也頗有點墨水。他講「杵臼」的發明，根據的是《易經・繫辭》中那段「黃帝、堯、舜垂衣裳而天下治，斷木為杵，掘地為臼，臼杵之利，萬民以濟」的說話。不過，〈繫辭〉的年代也不是很久遠的，它是戰國、秦漢以來儒家學者解讀《易經》的作品，距離今天也只是二千多年，算不得很遙遠。事實上，在戰國、秦漢這段時期裡，「杵臼」必定也是農家日常生活的生產工具，但當時的學者們顯然也搞不清楚「杵臼」的起源。於是，又像前面曾經提到的那樣，這「去殼」的工具，又成了古代聖賢「黃帝」在「廚藝」、「弓箭」、「水井」、「指南車」之外的另一項發明。所以，就如同我們之前所提到的理解方向一樣，「杵臼」——應該也是一種不知發明人是誰，但卻源遠流長，或許早在文字載記以前就存在的工具。

　　還來不及用文字寫下的歷史，古人看不見，但今天的我們卻有幸看見，我們憑的還是考古出土的證物。雖然沒有如同後世那種運用「人力」或「獸力」的機械結構，但新石器時期的出土物品中，確實不乏「杵臼」，以及功用與「杵臼」類似的「去殼工具」。以下，就先談談「杵臼」，再說其他的工具。

　　「杵臼」是兩件器具的合稱，它的用法最是簡單不過的。只要有去過中藥店抓藥的經驗，大概人人都能臆想出那「手執杵棍」向下打擊「臼中藥物」的搗藥景象吧？古人用來搗穀去殼的「杵」與「臼」，應該也是這般用法，只不過體積大了幾號而已。以下所列，就是新石器時期幾個比較重要的「杵臼」發現：

| 名　　稱 | 地　　點 | 距今年代 | 出土概況 |
| --- | --- | --- | --- |
| 仰韶文化半坡遺址 | 陝西省西安 | 5635–6115 | 石杵14只 |
| 大地灣一層石嶺下類型遺址 | 甘肅省秦安 | 5780–6000 | 石臼1個 |

| 羅家角馬家濱文化遺址 | 浙江省桐鄉 | 7060–7305 | 石臼2個 |
|---|---|---|---|
| 河姆渡遺址第四文化層 | 浙江省餘姚 | 6685–6931 | 木杵1只 |
| 紅花套大溪文化遺址 | 湖北省宜都 | 4624–5011 | 地臼2個、木杵1只 |
| 七里河遺址 | 湖北省房縣 | 4600–5264 | 陶臼 |
| 青龍泉遺址 | 湖北省隕縣 | 4704–5350 | 陶臼 |

杵、臼的考古出土往往並不成對，像在上表中，
除了紅花套遺址之外，並沒有其他遺址是兩者並
出的。然而，這樣的狀況，也並不代表這個出土
遺址就是「有杵無臼」或是「有臼無杵」。因為，
先民所用的杵，不太可能是笨重的石製品，而應
該是易於加工的木製品，但木質長埋地底容易爛
杇，當然不易流傳至今。再說臼吧！情況也有點
類似。除非是石臼、陶臼，否則像「紅花套大溪
文化遺址」那種在地下挖個坑便權充做臼的「地
臼」，在土層長期的疊壓之下，應該也是很難長期
保存的。值得一提的是，在上表所列的幾個新石
器時代的「杵臼」出土遺址中，有一些遺址的名

杵 臼

石 臼

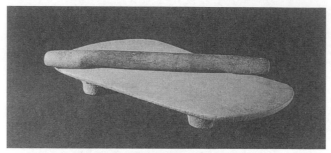

石磨盤和磨棒

稱已在前面的論述中出現過，像「仰韶文化半坡
遺址」、「羅家角馬家濱文化遺址」、「河姆渡遺址
第四文化層」都是，而它們也正是出土新石器時
代穀類遺存的重要遺址。我們可以想見的是，當
年生活在這些文化遺存的先民們，很可能便是用
「杵臼」這樣的工具，來為他們的穀物褪去外衣。

　　前面曾經說過，「杵臼」不是新石器時期先民
唯一的穀物去殼工具，當時還存在著與「杵臼」
功能相仿的東西，這便是接下來要說的「研磨盤」
與「研磨棒」。事實上，在新石器時代的考古發現
裡，這兩者的曝光機率還遠比「杵臼」來得高。
因此，下表所列，也只是舉例而已，並不是全數

的條列：

| 名　　稱 | 地　　點 | 距今年代 | 出土概況 |
|---|---|---|---|
| 裴李崗文化遺址 | 河南省新鄭 | 6845–7445 | 石磨盤57塊、石磨棒25隻 |
| 裴李崗文化北崗遺址 | 河南省密縣 | 6975–7075 | 石磨盤4塊、石磨棒5隻 |
| 仰韶文化廟底溝遺址 | 河南省陝縣 | 5780–5990 | 石磨盤3塊 |
| 仰韶文化北首嶺遺址 | 陝西省寶雞 | 5635–6115 | 石磨盤10塊、石磨棒14隻 |
| 老觀臺文化白家遺址 | 陝西省臨潼 | 7005–7324 | 殘斷之石磨棒數隻 |
| 磁山文化遺址 | 河北省武安 | 7130–7340 | 石磨盤56塊、石磨棒54隻 |

在上數列舉的這些遺址裡，石製「磨盤」與「磨棒」的數量是很可觀的，而這種工具在當時的普遍，於此也可見一斑。學者研究指出，從部分「石磨盤」常在盤面中間出現凹陷的情況來推測，這兩種工具的使用方法應該是：將穀物放在石磨盤之上，然後用石磨棒來回滾動研磨。他們並進一步指出，在這種方式下運作的「磨盤」與「磨棒」，是能夠有效去除各種穀類外殼的。此外，還有一

石磨盤和磨棒

點也是值得我們留心的，那就是到目前為止，有
關「磨盤」與「磨棒」的考古出土，絕大部分都
在黃河流域，也就是上述黍、稷、粟等禾本科植
物的產區。但是，在以稻米為主要作物的南方長
江流域，同類的器具卻比較少見，有的只是目的
相同但形式大異的「杵臼」。或許，這兩種工具的
出土狀況，是受到適生穀物種類的影響吧？

　　現在，我們已然知道先民們在穀物收成後，
所可能採取的一些加工手段。接下來，我們要走
進時空的廚房，看看古人是如何烹調這些褪去外

殼的穀物。而要事先強調的是，在烹飪的世界裡，我們所做的每一道菜餚，都與我們所用食材的自身特性有所關聯。這個道理，對雞、鴨、魚、肉適用，對穀物也適用。

## 「炊具」與「用水煮的食物」

前面曾經提到，除了小麥是比較晚才出現的食用穀物外，黍、稷、粟、稻大概是新石器時代先民們比較常食用的幾種穀物。然而，到現在為止，我們談到的只是「先民吃些什麼？」這樣的問題，我們還沒有觸及的是「他們怎麼吃？」這個「動手做羹湯」的實際烹調方法。事實上，這一部分的論述，對「粥」的歷史來說，是很重要的。因為，在我的想法裡，「穀物」與「粥」的關係，簡直就可以說是「上天註定」的姻緣。

我們要怎麼吃那些為了保存儲藏而曬乾的穀物？面對那粒粒硬實的去殼種仁，就算是物質生

活遠不如當代我們的古人，總也不會只知生吞而已吧？關於此，周秦間的儒家做了些推測，他們說：「中古未有釜甑，釋米捋肉，加之燒石之上而食之」，這意思就是說，遠古的先民是沒鍋沒盆的，他們只會用燒熱的石頭來烹調米、肉等食物。戰國、秦漢儒生們的說法，大概是有些依據的。因為，在他們那個時候，居住在北方的異族「狄人」，就還是這樣下廚的。事實上，這裡所謂的「釋米捋肉，加之燒石」，也就是今天在大飯店餐廳中登堂入室的「岩燒」。只不過，今天的岩燒餐廳，是澳洲來的，那兒的土著原住民到現在還在使用這樣的辦法。

「加之燒石之上」大概意近乎炒，但那「米」字是可以廣義解釋的，不一定就是稻米，也可以是黍、稷、粟這類穀物的通稱。然而，米雖可炒，滋味卻不怎麼樣。我曾經聽我家打過八年抗戰的老人家說，民國二十七、八年的國民政府軍，作戰時配的口糧就是「炒米」。據說這便是「乾糧」，

軍人們都把這東西包在一條粗布裡，大約是一個
手掌的大小就打個結，然後一骨碌的全跨掛在身
上，要吃的時候再弄些水攪和攪和一起吞下，為
的是怕炒米太乾了會噎到。我想，這樣的東西，
不過裹腹應急而已，絕對好吃不了。

　　去殼後的穀物雖可炒而食之，但又硬又乾，
會喜歡這口感的人，古今大概都是異類。就拿生
活時間遠在周秦的人們來說吧，他們也不能欣賞
這種米食烹調辦法，他們說「炒米」是「今北狄
猶然」，舉的是非漢族的例子，言談中頗有些視其
為「原始」的味道，他們自己可不這麼吃。秦漢
時期的華夏民族，講究把穀物軟化後再吃，他們
除了會將穀物「粉製作餅」之外，還會將之蒸成
「飯」，煮成「粥」。不過，從這時期禮書中主張
「居喪吃粥」的事實看來，水多於米的粥，應該
是比「蒸飯」更大眾化的吃法。我推測這原因，
主要在於粥的作法是省米的，它比較「樸素」，能
夠符合居喪其間「不事享受」的哀戚心態。

　　軟化穀物，端賴水煮，這辦法在周秦以前大概就行之有年，但詳細的起源卻誰也弄不清楚。於是，「黃帝」之說就又出現。像漢代的儒者，便認為人們之所以會「烹穀為粥」，主要是由於黃帝發明了「釜」、「甑」這樣的器具。在此，古人有關「黃帝」之說，於今當然不必盡信，但有關「炊具」的推測，卻還是有助於我們將「粥」的存在年代，再往上推溯。畢竟，「粥」是得「烹煮」的，它的製作非有賴於炊具的存在不可。

　　我們談穀物的歷史，不獨談它們早期存在與出現的歷史，還談加工的歷史。然而，在這些之後，我們還得面對的就是「吃」的歷史。我們已經知道的是，有關穀物存在、出現與加工的歷史，都是早在文字記錄以前的新石器時代就已經問世了；那麼，那個時候的人又是怎麼吃他們加工後的穀物呢？關於此，我們當然不能排除「炒米」的可能性。但是，若有適合的器具存在，先民與粥的關係或許會更緊密一些。

　　什麼是適合做粥的器具？這個問題還可以這麼問：粥要怎麼煮？稍有下廚經驗的人都知道，不管你拿哪一種穀物來煮粥，那水與米（這是通稱）的比例，都跟你拿飯鍋做飯不同。粥的比例，應該是水多於穀物數倍，如此才能得到豐富而黏稠的穀物湯汁。值得注意的是，正由於煮粥時，水佔了很高的分量比例，所以必須使用容量深廣的器具，才能容納足量的水。再有一點，這種器具的使用，也可以避免沸騰時因容器過淺所導致的湯水外溢。

　　「新石器時代」，雖然是以石器的製作方式來作為歷史分期的名稱，但在這個時代裡，岩石並不是唯一的器用材質。石頭之外，黏土也造就了陶器。事實上，與堅硬的頑石相比，黏土擁有更大的可塑性。就拿做個碗來說吧！石頭就得大費周章地用鑿的，還得擔心會不會太重，但捏土成陶則是做得方便，拿得輕便。事實上，檢證新石器時代的考古便可以發現，許多與日常生活息息

仰韶文化的陶鼎

相關的器用，有很大一部分就是陶製品。以下，就介紹幾種可能被先民們利用作為煮粥用具的陶器類型。

首先要介紹的是「鼎」，這是一種具有深廣肚腹，下帶三足的器具。今天，如果去過博物館的人，大概對那青銅製作、體積碩大的「鼎」都不會陌生。不過，博物館中展示的大多是商、周之物，那是先秦時期作為「禮器」用的「鼎」，並不適合廚房的需求。而我們在此處所說的，乃是「陶鼎」，它的出現年代要早很多，在新石器時代就已

經存在了。

　　「陶鼎」在考古遺址的出土物中，是一種分布區域十分廣泛，而且時間縱深非常長久的器物。不論是黃河流域，還是長江、漢水流域，抑或是太湖地區，都有先民使用陶鼎的例證。在適生黍、稷、粟的黃河流域，學者不僅在較早期的「磁山文化」、「裴李崗文化」、「老觀臺文化」中發現「陶鼎」的蹤跡，也在稍晚的「仰韶文化」、「龍山文化」、「大汶口文化」的遺址中挖掘出「陶鼎」。同樣的情形，也存在於南方宜於稻米生長的新石器時代考古遺址中。例如，位於長江下游的「河姆渡文化」，漢水流域的「大溪文化」、「屈家嶺文化」，太湖地區的「馬家濱文化」、「崧澤文化」、「良渚文化」，都出土了陶製的鼎。當然，這些個地點互不相同，時間各有遠近的出土「陶鼎」，不可能全都是一個模樣的。但是，那外加「三足」的「深廣器身」，卻是基本不變的形式。我們從器物的外形可以推知，先民們大概是將「陶鼎」架設在火

多角沿陶釜

堆之上來使用的。

　　「陶鼎」之外，「陶釜」也是一種重要的烹飪
器物。「釜」的定義是很廣的，一般而言，只要是
器口寬廣的圓底陶器，都可以稱之為「釜」。總體
而言，在新石器時代的考古發掘裡，「釜」的形制
也並不統一，有些類似今天的鍋子，像「大地灣
文化」、「屈家嶺文化」出土的就是這一類的釜。
此外，也有一些是深度更深，下方類似半球狀的
釜，像「河姆渡文化」出土的釜就屬於此類。

河姆渡出土之陶炊具，灶、釜、甑

　　不同於鼎的是，大多數的「釜」都是無足的。
這種外形意味著「釜」在烹飪時，大概是需要有
個支撐物才能放在火上加熱。關於此，有些學者
在新石器時代的其他出土炊具中尋找，發現同樣
是陶製的「灶」，很可能就是配合陶釜使用的器物。
值得注意的是，「陶灶」的出土，也不是局限於一
地的，它的範疇與釜一樣，也是遍及南北的。其
中，位於南方的「河姆渡文化」便出土了一件形
如畚箕的「陶灶」；而北方黃河流域「仰韶文化」

裡的「下潘汪遺址」、「廟底溝遺址」，以及出土於
河南陝縣、山西襄汾的「龍山文化」遺址中，也
都出現了同類的器物。事實上，陶製的「釜」，在
與「灶」結合後固然能變成便利的烹飪工具，但
單獨存在的「釜」，只要能夠支架在火上，一樣也
能發揮烹煮的功能。有些學者就指出，在「河姆
渡文化」、「大溪文化」、「磁山文化」遺址中出土
的「陶製支架」，很可能就是用來作為與「陶釜」

陶　灶

陶 鬲

配合使用的工具。

　　其實，在新石器時代所出現的陶器中，適合
「加水烹煮」的器具並不只有上述的「鼎」、「釜」
而已，像出現時間約在中、晚期的「鬲」、「甗」、
「甑」等，也都應該能符合人們「煮東西」的需
求。不過，我們也無須再對這些器物詳加細述。
因為，僅憑上述，我們已然能夠對前面那個「如
何吃？」的自我設問提出回應。可以確定的是，
生活在新石器時代的先民們，確實是不乏合適的

紅陶灶

器具來軟化他們生存環境中所成長的穀粒。當然，這並不是說「鼎」、「釜」之流，就只是穀物烹調的專用器物，但它們的存在，無疑將使我們對「先民吃粥」的這種想像，更趨近於實際。

從穀物的種類、加工，到烹飪工具的種種探討，本書在這節裡所有敘述的目的，其實只有一個——那就是試圖將「粥的起源」，追溯到文字出現以前的時代裡。事實上，我之所以這麼做，也並不是在為「粥」尋求一個歷史時間上的「金氏

世界紀錄」而已。我要說的是,「粥」之為物,很可能是「穀物」與「人類」接觸過程中,一種比較早期出現的「食物型態」。當然,我的這番設想,也並不是建立在推翻先民將穀物製作成「餅」、「飯」之類食物的基礎之上。但是,不可否認的是,對於水穀混合比例要求粗略,並且能夠在穀物產量比較不穩定的初民社會中提供約省之道的「粥」,或許是最最恰當的一種穀類烹調方式。

多了考古素材,少了文字記載,再遇上像我這樣一個手藝欠佳的廚子,屬於我的新石器時代的粥,想來也只能做成這般樸素的模樣。不過,在進入文字記載的歷史時期後,這碗粥的味道將會豐富起來。因為,人們的認知、慾望、感覺、習慣,將成為調理這碗稀飯的佐料。

# 一種食品、多種形象

　　有關粥的歷史，我們已經知道的是這種食物型態在我們當下生活裡的樣貌，除此之外，粥在遙遠古早時期的存在狀況，現在也應該在我們的腦海中留下了印象。然而，猶如吃魚要吃菁華所在的「中段」一般，粥的大部分歷史，我們還沒有觸及，而這其實是最精采的部分。從時間上來說，這段歷史正發生在「遠古」與「現代」兩個極端時段中間，而文字則為它留下了存在的註腳。

　　粥的文字記載，固然是有趣而值得敘述的。但要如何敘述卻很值得三思。怎麼說呢？首先，我們得知道，今天我們所能見到的古典，不管是哪一種類型的文本，其實都是出於知識分子的手筆。然而，這些知識分子的人生遭際卻往往不盡

相同。家無恆產，一生過著像顏回「一簞食、一瓢飲」那樣清貧簡陋生活的人固然很多。但也有一些知識分子，他們可能本來就饒有家財，又或是善營生業，又或者是在「學而優則仕」之後維持或改善了原本的家庭經濟狀況；總之，相對於前者而言，這類人士的生活狀況就比較穩妥，生活素質也在一定水平之上。不是有句俗諺叫「飽漢不知餓漢飢」嗎？這話引申出來的意思，就是說生活富裕的人無法體會貧窮人的痛苦。事實上，這種因緣於個人際遇的認知差距，正存在於粥的古典載記裡。就拿「粥與庶民階層的關係」這樣一個設問來說吧！由清貧知識分子所寫下的記錄，或許就要比生活不虞匱乏的知識分子來得更傳神些。但另一方面，即使是像前者那種與廣大庶民有著類似生活水平的寒素記錄者，也終究是知識分子，他們對於生活的感受，容受現狀的理由，都未必能與文化素養不同於他們的廣大庶民完全接軌，他們的筆觸其實也未必就能作為庶民的喉舌。

其次，就是雖然文字都是知識分子寫下的，但文本的體例不同，寫作者的關心也就不同，為現實存真的成分也就有多寡之別。這樣說或許有點抽象，還是舉個例子吧！就拿唐代楊貴妃吃荔枝這件事來說吧！這件事在身為晚唐抒情詩人的杜牧眼裡，是這樣一個模樣：

> 長安回望繡成堆，山頂千門次第開。一騎
> 紅塵妃子笑，無人知是荔枝來。

杜牧這首七言絕句，寫的是唐玄宗天寶年間，騎使千里驛傳荔枝以恣楊貴妃嗜欲的故實。我們可以發現，詩人卜筆，美感總是多些的。然而，性質類似歷史著作的《天寶遺事》，就有完全不同的觀察所得，實際的情狀可能大不若此：

> 貴妃嗜食荔枝。當時涪洲致貢，以馬遞馳
> 載，七日七夜至京，人馬多斃於路，百姓

苦之。

我們可以發現，「貴妃嗜荔」的實際情狀可能大不若詩人杜牧筆下那般浪漫，那番勞師動眾的苦澀，史家描寫得就很是露骨。

飲食的歷史並不好談，而我們這個文化下的飲食歷史又尤其難談。畢竟，口腹之欲、味覺感官，對古代那些對「齊家、治國、平天下」有特殊使命感的知識分子來說，常常只能作為他們「文字遊戲」或者是「彰顯身分」的素材，因此以飲食為主的專著篇章，雖然不是沒有，但是與政論性、學術性的文字相較，總是相對的少些。再有一點也是要提及的，就是古代知識分子筆端所流露的味覺，常常是添入了許多文化性價值判斷後的味覺。換句話說，同樣的一種食物，知識分子的評價，未必就能代表所有其他人的感覺。

歷史課題的討論，有賴於史料提供資訊。然而，由於存在著「文字記錄能力屬於少數人所有」

的這個因素，所以在運用資訊之前，甄別的工夫就應該做得更謹慎、更細緻些。就拿粥的歷史記載來說吧！同樣是對吃粥的描述，我們不僅要弄清楚記錄者究竟是在寫「自己的經驗」還是「旁人的經驗」，還得鑑別這些「經驗」所從屬的環境狀態與生活素質，及其對這些「狀態」、「素質」的代表性。事實上，我們之所以這麼做，並不是要將「粥」這麼一個單純的食物型態複雜化，而是要賦予這種食物更多「人的面向」。畢竟，我們所要討論的東西，是一種被人吃的東西，因此在那鍋水米混合物之外，我們還可以對諸如「誰在吃？」、「為什麼吃？」、「怎麼吃？」這些以人為核心的設問，多做些回應才是。

知道這些之後，當我們再面對「粥的歷史要怎麼談？」這樣的設問時，我想我的答案首先將會是「不能一概而論吧？」正因為如此，所以要分開談。不過，我的區分，並不只是單純地依循身分而已，因為那樣的作法，將會得出人們「各

吃其粥」的錯誤印象。事實上，粥在先民社會裡
是人人都吃的，但吃的場合、吃的型態、吃的心
境，卻往往因為人的際遇與背景而有著很大的差
異。而我認為，如果要談食物的歷史，並且還想
要談出縱深的話，就得從這些個緣人而生的差異
談起。

## 「農家衣食，甚是艱難」
### ——粥的貧苦形象

在進入正題前，先說一段故事。這故事的詳
細時間已不能確定，但大約是在距今四百多年前
的明朝中期，地點則是在當時中國最富庶的棉布
紡織中心——蘇州府的嘉定縣，而主人翁則是當
地一個苦哈哈的佃農阮勝，與他六十多歲的老母
親，還有他的妻子勞氏。故事是這樣開始的：

阮家不是什麼富裕人家，全部的財產就只

有間僅夠一家三口棲身的小房子，五畝多
祖先留下的田地，還有幾畝向別人租來的
田地。阮家的收入也不多，其中一部分是
阮勝每天辛勤耕田來的，另一部分就全靠
阮家那位賢慧孝順的媳婦勞氏從早到晚不
停地紡紗織布來貼補家用。阮家的負擔很
是沉重。因為，他們所居住的蘇州嘉定縣，
每年每戶人家都要交很重的稅錢，而收稅
的官員又常常習慣貪污，這些黑錢也是要
由百姓來出。總之，這兒的生活是不好過
的。然而，怎奈環境如此，偏偏阮勝又是
個老實頭，別人交稅，總是想盡辦法來節
稅，但他總是官員們要多少，他就給多少，
從來不走旁門左道。再說阮家租來的田吧！
雖然每年收穫後，總要與地主拆帳，但別
的佃戶都會盡力爭取權益，阮勝卻對地主
是言聽計從，一樣的是要多少給多少。如
此下來，沒個幾年，這位好好先生就將祖

傳的五畝地產賠個精光，而阮家的生計頓時也就只能依靠阮勝做別人佃農的微薄收入，還有就是勞氏販賣織布的些許所得來支持。阮家是貧窮的，他們一家三口都是苦哈哈，穿的是打滿補釘的粗麻衣，就連逢年過節也沒穿新衣服的命；至於吃的東西，就更可憐了，阮家的飯桌上從沒有魚肉葷腥的影子，他們窮得每天只能吃些青菜，而主食則千篇一律總是一鍋粥。不過，做媳婦的勞氏還是很賢慧的，她總是顧念丈夫的辛苦、婆婆的年邁，每天都將粥鍋裡的米粒舀給他們，讓他們吃些比較濃稠的粥，但她自己則總是吃剩下的那種沒有幾粒米、全是米湯的稀粥。勞氏的賢德，他們全鄉都知道，鄰居們也都把她當成是好媳婦的典範來看待。有一天……

這個故事在「有一天」之後當然還有發展，但卻

是悲戚的後續，而其內容則是關於阮勝為了醫治母親的重病，而將勞氏改嫁他人以換取銀錢，最後又與母親同遭人謀財害命的悽慘際遇。故事之所以不再下說，當然是因為其後的情節非干本書的主題，而我講這故事前半的理由，則是因為其內容涉及了古代部分「吃粥人」的「經濟狀況」。

我不是說書的人，這則故事原出自明人的小說《型世言》，作者是明代的陸人龍，本來是用文言寫成的，我是為了讀者方便，才將之改成白話的型態。不過，小說歸小說，雖然寫得奇情，但那是就整個故事的結構而言，故事中的枝節陪襯則未必需要離奇。換句話說，寫故事的人就算寫的是杜撰之事，但場景的鋪陳、人物的身分，卻儘可是現實生活的寫照。阮勝一家人，歷史上未必真有其人，但境遇類似的人，卻可能所在多有，而且代不乏人。他們正是歷史上那群過著「農家衣食，甚是艱難」的貧苦大眾。

明代小說裡的「粥」，被作家用來托襯小說人

物生活的貧窮與匱乏。古代現實生活裡的「粥」，有時也被先民賦予同樣的意涵。清代的黃雲鵠，就曾經在一篇文字中寫下這樣的話：「吾鄉人諱食粥，諱貧也。」此處所謂的「諱食粥」，不是「不吃粥」，而是「吃粥怕人知道」，因為粥是「窮人家」的吃食。事實上，窮人吃粥，古來已然，並不是明、清時人的專利。例如，晉代的束晳，在一篇描寫自身少年時家貧慘況的〈貧家賦〉裡，就曾經寫到他家當年的飲食狀況是「煮黃當之草萊，作汪洋之羹饘」，這裡的「饘」，指的就是粥，而以「汪洋」來形容這粥，想來也與明代小說人物勞氏吃的「全是米湯的稀粥」相去不遠。再看看與這「稀粥」比肩對應的是什麼？竟是野外發黃的藜草！這稀粥之貧賤，於此可見一斑。再者又如宋代的范仲淹，雖然日後居官宰執，但在他年方兩歲時，卻曾因父喪家貧而不得不隨母改嫁他人。范氏後來知道真相，於是便離家發憤讀書，這是他一生最貧困的時光，吃的當然也很儉省。

關於范仲淹刻苦求學時的飲食內容，他的朋友歐陽修說得含糊，只以「人所不能堪」一語帶過。但究竟是如何地令人不堪？歐陽修卻沒有交代清楚。事實上，范氏當時是餐餐以稀粥度日，頂多配些鹹菜而已。

其實，在先民社會裡，粥之為物也未必就是貧窮的代名詞，那水米一鍋的混合，基本上也是一種相當大眾化的食物型態。就拿紅豆粥來說吧，這是一種用紅豆（古典中稱「赤小豆」）與穀物混合煮成的粥品。在古代，這是冬至時節的節令食物，其目的概在避免疫病的侵害。值得注意的是，「赤豆粥」是人人都吃的，名公巨宦之家如是，升斗黎庶之戶亦如是，卻從來沒有人將「赤豆粥」視之為窮困的表徵。又如在宋代，有本專記當代各地異聞奇事的暢銷書叫《夷堅志》，其中有兩則故事的主人翁，就都是開粥舖為業的。而我們若從粥在古代可以作為商業販賣的這件事實看來，這樣的食物類型應該也是一般人普遍常吃的東西，

並說不上有多麼下賤。因此，當我們檢視歷史上那些有關「粥」與「貧窮」的敘述時，我們所秉持的視界其實是應該再加以緊縮的。在我的理解裡，吃粥的人，只要不是日日吃、餐餐吃，吃的是有米有湯，而非「汪洋一片」的粥，大概是不會被人譏訕為貧窮的。

因貧而圖思簡省，這是古今皆然的人之常情，落實在飲食行為上，便是食物形式的簡陋。這樣的理路，在粥的歷史裡，可說是體現得十分明顯。粥在古代庶民社會裡的形象是兩極的。習俗、習慣裡的粥是常態，因為它的水米比例合乎正常，因此人人不以為恥。然而，一旦水米的比例懸殊，這鍋粥便成為貧窮的象徵。不過，粥雖稀釋，卻仍然具有充飢的功效。因為，穀物粒實在放湯大煮的過程中，是會將本身所富涵的澱粉與醣分，混散在整鍋湯水之中。所以，即使是湯多米少的儉省窘態，稀粥仍然會呈顯一定程度的黏稠狀態，再加上那熱騰騰的溫度，雖然夠不上好吃，但充

飢之效倒還是有的。曾有一位古人說：「粥信便於
貧無力者」，這意思是說「粥對於貧窮的人是很有
幫助的」。這樣的說法，顯然也是出於上述的考量。

　　粥是節省花費的食物型態。粥同樣也具有食
物充飢的基本功能。在先民的生活歷史中，這樣
素樸、有時甚至還挺寒酸的食物，不知餵飽了多
少空虛的肚腹。事實上，有關粥在古代庶民生活
裡的出現場合，也並不只在日常的餐桌之上。從
現存的史料看來，至少從春秋時代開始，每當天
然災害，或是穀價波動造成饑荒發生時，國家政
權與地方善心人士就常會以「施粥」的方式來賑
濟災民。例如：《禮記・檀弓》中就記述了衛國在
饑荒發生時，主政者「為粥活國之餓者」的史實。
其實，不獨古代如此，這樣的情狀在漢代以下也
是代代皆有。例如宋代的劉宰，就曾在《漫塘集》
中留下了他結合地方賢達，善心開設「粥局」以
濟民貧的事蹟。事實上，下至明、清，有關官、
私「施粥」，或開設「粥場」的史料還更多，簡直

舉不勝舉。然而,不論如何,值得我們投注目光的是,在這些糧食匱乏短缺的場合裡,歷史上的人們還是選擇了「粥」來作為他們最終的紓困對策。推究其因,其實也還是不脫前面所提到的有關粥在「省費」與「療飢」兩事上的特點。

## 「粥美嚐新米、袍溫換故綿」
### ——富人碗裡的粥

距今六百五十七年,時當元朝順帝至正四年(西元1344年),中國南北同時因為雨潦之災而發生普遍性的饑荒。這時,有一位知識分子,曾以他當下的飲食內容為題,留下了一首嗟噓昔日奢華生活的七言古詩。詩人名叫劉鶚,江西吉州人,歷官「揚州學錄」、「江州總管」、「翰林修撰」與「江西行省參政」,是元末著名的知識分子,他在詩中說到:

朝餐一頓粥，暮餐一頓飯。每當食粥時，未免一長嘆。少年何事不相遭，胡為晚歲方論交。此時菜蕨各已盡，以糟配爾為嘉餚。既啖糟、復食粥。卻意年當三十六，笑攜省檄上皇州。……。當時結交多貴人，往往尊我席上珍。……。滿堂座客盡豪貴，亦知推讓宗儒雅。盈盈珍饈簇金盤，裒裒葡萄浮玉罌。……。萬錢日食固有限，一笑千金絕無價。放懷滿飲鸚鵡杯，何心復戀麒麟畫。……。平生所歷猶在眼，夜半思之皆夢幻。盛時不敢忘貧賤，自喜枯腸藜藿慣。飽食粥無咨嗟爾，粥甘如飴雞鳴曳。……。粥兮粥兮敢爾卻，猶勝蕨餐滋味惡。苟延殘喘待秋成，白髮春風會如昨。

有關劉鶚的家境，我的推測是：劉家縱非大戶人家，但大概也不是那貧無立錐之地的家境。為什麼呢？關於此，我們除了可以從前述劉鶚的仕履

推知一二外，也可以從該詩的創作因由裡窺見端倪。我們知道，古人寫詩，常會先寫一篇叫作「詩序」的文字，目的在說明其創作的機緣。而劉鶚的這首詩也有詩序，其原文是「至正甲申歲大飢，民多艱食，殍死者相望，盜賊擾擾。予亦缺食，未免作粥以延殘喘，因賦詩粥歌以暢此懷」。從詩序看來，在「民多艱食」的饑荒日子裡，劉氏也只是「缺食」而已；當大環境的景況是「死者相望」時，他還可以「作粥以延殘喘」。由這點看來，劉家若非是家有存糧，便是饒富於財可以應付因天災而形成的穀價騰踊。事實上，這樣的例子，再早些年也曾出現過，而地點也是在江西，當時的抗金名將李綱在一則上呈給高宗皇帝的報告裡說道：「江西去歲旱傷之後，穀價翔踊，民間乏食。第三等戶止是食粥，第四、第五等戶多是掘草根而食。」宋、元戶等雖然不盡相同，但古近有力者在困境中所展現的「抗壓表現」，或許還是有相通之處的。

劉鶚不是歷史上那一大群合適於「粥食」的「貧無力者」，但他卻也會吃粥。不過，劉氏吃的粥，若是與承平時節中貧苦人家所吃的那種「汪洋一片」的「稀粥」相比，大概還是有所不同的。我們看看在他的詩中不是有句「朝餐一頓粥，暮餐一頓飯」的話嗎？從這兩句來推敲，即使在荒年裡，劉家也不是餐餐吃粥的。再換個角度來看，在劉家乾飯尚且能吃到嘴，煮粥又何須太過寒酸儉省？劉鶚那碗粥顯然是要比「稀粥」來得紮實些。其實，除了「粥況」不同之外，劉鶚吃粥的心境也很特別。或許是因為他所遭逢的「缺食」景況，是可以被預期改善的。所以，他吃粥，不僅吃得愜意，還能油然而生出個什麼「賦詩粥歌以暢此懷」的雅興。相形之下，同樣是知識分子的范仲淹，雖然一生作文無數，但就從來不曾在詩文裡提及那碗伴他度過少年潦倒時的「稀粥」。或許，在范氏的心裡，那段喝粥力學的日子，還真有點像歐陽修所說的是「不能堪」吧？

　　粥的身影不都是貧苦的。不同的處遇、不同的場合，吃粥人的心情不同，粥的形象與型態也就不同。例如，在唐代白居易退休賦閒的日子裡，粥的形象就一點也不寒酸。〈自詠老身示諸家屬〉詩云：

> 壽及七十五，俸霑五十千。夫妻偕老日，
> 甥姪聚居年。粥美嚐新米、袍溫換故綿。
> 家居雖濩落，眷屬幸團圓。置榻素屏下，
> 移爐青帳前。書聽孫子讀，湯看侍兒煎。
> 走筆還詩債，抽衣當藥錢。支分閒事了，
> 爬背向陽眠。

這是白居易晚年的詩作，從中我們不難看出這位最終以「刑部尚書」致仕的著名詩人在晚年的生活狀況。白家是個大家庭，子孫都聚居在一起，雖然家長白居易已然退休，但「五十千」的俸霑，卻能夠讓生活維持在一定的程度之上。詩中的詩

人，既有子孫陪伴膝下，又有侍兒服侍起居，閒
來無事便寫寫詩文，曬曬日頭，這樣的晚年確實
是頗為愜意的。事實上，白居易對他的晚歲生涯，
應該也頗為滿意。否則，他又如何會做了這首「自
詠老身」的詩歌，來向家人訴說他對生活的閒適
觀感？值得我們注意的是，在這首詩中被白氏用
來鋪陳晚年的幾個日常生活片段裡，除了包括「團
聚的家人」、「承歡的子孫」這等「人倫」之外，
還有物質性的衣、食部分。從詩中可知，白氏穿
的是換了新棉絮的溫軟袍衣，吃的則是新熟白米
煮成的稀飯。旁的暫且不說，單就穿衣、吃飯而
言，唐代白居易的吃、穿內容，比起前面明人小
說中「穿苧麻布」、「喝薄稀粥」的貧困農民，相
去何止倍徙？而白氏那碗「粥」既能稱之為「美」，
想來也不會是「一貧如水」的稀粥吧？

粥在唐代與白居易的遇合，並不是個特例，
那種「視粥為美」的食物評價，在宋代也可以找
得到例證。比方說，生活在兩宋之際的劉燾，就

不曾將粥看作是低賤之物，他之吃粥其實還吃得
頗有派頭。關於此，劉燾有位族弟劉一止，還做
了詩歌來記錄始末。這首詩是這般寫的：

少年愛酒不廢沽，滑稽鷗夷每隨車。春禽
似是知我意，日日勸我提葫蘆。侵尋老境
筋力異，宿昔百嗜今一無。羈窮未免走四
方，是口實賴薄粥餬。憐君巧作此瓢壺，
善為口計真不疏。上蓋下豐腹胍托，空洞
可置升米餘。釜湯外沸如隔膜，氣塞不作
聲盧胡。須臾已復成淖麋，勻滑不減傾醍
醐。蓬窗夜饑急星火，詘嗟而辦功可書。
山僧歆缽未足詫，考父古鼎非時須。我聞
壺中有高隱，日月或類蓬萊居。神仙有無
事恍惚，山澤形貌常多臞。不如一飽睡清
熟，個中便是真華胥。

有關這首詩文的寫作原由，劉一止在詩序中說得

清楚，他說他是因為「無言兄以銀壺作粥糜頗極
其妙，舟居夜饑頃刻可辦」，所以才會「戲作此詩」。
不過，雖說是劉一止的「戲作」，但劉燾對於吃粥
的講究，卻在詩中有很清楚的體現。這位未冠入
太學，進士中甲科，仕宦至「秘閣修撰」的宋代
居官知識分子，吃粥可吃得一點也不含糊。他不
僅設計了一個容量大約一升多，有著寬深肚腹的
帶蓋器皿專門供作煮粥之用外，還為著烹煮時火
力傳導之便，刻意地使用導熱性能優良的白銀來
製作這只「粥具」。可以想見的是，劉燾的手頭大
概是不很緊的，否則一只用銀打造的「粥壺」，所
費必定不貲，又豈是常人所能負擔得起的？再看
看他所吃的粥，也傳遞出這樣的訊息，這詩中所
謂的「淖糜」與「勻滑不減」，其實都是用來描述
由那「銀壺」所烹煮的「粥的狀態」而言，很明
顯地，二劉所吃的是米穀充盈的濃稠稀飯，而不
是白水一泓的薄粥。

　　作為米穀類食物型態的一種，粥在先民飲食

生活裡的被容受程度，可說是很廣泛的。在本節
的論述裡，我們看到的是歷史上那些生計不虞匱
乏人士的吃粥點滴。要加以說明的是，在文中所
描述的那種所謂的「稠粥富人吃」的景況，也僅
只是就著史料的大宗來說的，我們當然不能完全
排除例外的存在。換言之，生活寬裕的人，也可
能對貧人的薄粥有著特殊的味覺喜好，只是這方
面的載記極其稀見，即使確實有之，也不能算是
一種常態。因此，總的來說，雖然存在著型態上
的厚薄差異，但粥終究不獨是貧人的專屬食物，
它同樣也可能是富人的飲食對象。事實上，這樣
的景況，不獨在本節所引證的唐、宋時人的詩歌
裡可以覘見，在後代也還一直存在。還記得在前
節敘述裡所曾經引用的清人黃雲鵠的言論吧？他
那句「吾鄉人諱食粥，諱貧也」的說話，其實還
是有下文的。黃氏接下來說的是這樣的話：

> 顧都邑豪貴人會飲，必繼以粥。索粥不得，

　　主客皆不懌。粥固不獨貧者食矣。

場合是杯觥交錯的酒宴，出席的是居住在城市中
的「豪貴人」。然而，在這珍饈佳釀同時並陳的檯
面上，粥竟然也軋得上一角。不單如此，這碗粥
倘若索之不得，賓主往往還不得盡歡。看來，粥
在先民生活裡，倒確實是如黃氏所云那般，是一
種「不獨貧者食」的食物。

# 「此味清切」
## ——粥的清雅形象

　　西元24年，後來建立東漢王朝的劉秀，當時
正在河北與另一軍事勢力王郎征戰。有一天，部
隊行經饒陽縣的無蔞亭，碰上了大風雪，一時之
間寸步難行，將士們個個都是又疲乏、又飢餓。
這時，一位名叫馮異的將軍，進奉了一碗熱騰騰
的豆粥，才使得劉秀得以免於凍餓。劉秀後來對

此很是感念，在他稱帝之後，還很難得地對做臣子的馮異說「無蕪亭豆粥，厚意久不報」。這是本節所舉有關「豆粥」的第一則故事。

　　從西元265年到290年，時值西晉武帝司馬炎在位期間，在首都洛陽城裡有位名動一時的大富豪石崇，和另一位同以奢豪著名當世的王愷，爭相誇示自己無人能比的財富。從日常器用，到服飾屋宇，這兩人的「鬥富」行徑千奇百怪，但也互有勝負。不過，最讓王愷感到不解而困惑的是，石崇家裡總是能在極短的時間裡做好原本需要長時間烹煮才能爛熟的「豆粥」，並熱騰騰地供奉給訪客享用，而這正是他家廚房怎麼都做不到的。後來王愷買通石家的佣人，才知道石崇家的「豆粥」並不是現煮現做的，而是先將豆子煮熟並研成細末，一有進奉的需要，就用滾沸的白粥來沖泡這事先預備的豆粉。這是本節所舉有關「豆粥」的第二則故事。

　　西元1079年至1084年，這六年是北宋神宗的

元豐二年至七年，也是大詩人蘇東坡人生中顛沛流離的六年。在這些年裡，蘇東坡因「烏臺詩案」得罪當朝，而被外放至黃州。其實，外放是好聽的說法，他雖然被責授為「黃州團練副使」但卻是所謂的「本州安置」——這意思是說不得參與公務，因此實際上的待遇是近於流放的。此時的蘇東坡，日子過得並不寬裕，吃的也很樸素。不過，他自己倒並不以此為苦，反而還挺能欣賞這貧素的生活。在一首題為「豆粥」的古風詩歌裡，蘇東坡先是舉出前述「馮異奉光武豆粥」與「石崇誳嗟辦豆粥」都是屬於「身心顛倒不自知」的一類，並認為這些古人都不能嚐出「人間之珍味」；接著又說豆粥的滋味，是只有像自己這等生活淡泊的人才能夠品嚐出真諦的。這是本節所舉有關「豆粥」的第三則故事。

　　西元1225年至1264年，這個時段正是南宋的理宗朝，有一位名叫林洪的知識分子，寫了一部名叫《山家清供》的食譜來記錄他日常飲食的品

類，而豆粥也在其中。林洪做豆粥的辦法是：先用砂鍋將紅豆煮得酥爛，再將之與已然滾沸的粥糜混一起，等到再次煮開便可以之供食。林洪認為，豆粥是「山居可無此乎？」的食品，而他自己的豆粥作法則是得之於北宋蘇東坡〈豆粥〉詩中那句「沙瓶煮豆軟如酥」的詩句。至於像晉代石崇那種「豆粉糜粥法」，林洪則是大加抨擊，指出那是專門用來誇示的法子，在意境上是無法與他自己那種「山舍清淡徜徉以候其熟」的雅致相比的。這是本節所舉有關「豆粥」的第四則故事。

豆粥也是粥，不過是加了豆子的粥而已。但是，有關豆粥的種種載記，卻很能體現粥之為物的各種樣貌。比方說，第一則故事裡為劉秀解飢暖胃的豆粥，雖說是進了帝王之口的食物，但在整個飢寒交迫的場景裡，這碗豆粥的本質顯然是粗糲並且尋常的。換句話說，由馮異所進獻的豆粥，倒與前述粥的貧窮形象有幾分神似。第二則故事也是如此。石崇家那碗頃刻間就能辦備端出

奉客的豆粥，功能當然是在誇示財富與能力，而非是在充飢。但不論如何，豆粥這樣的東西，也並沒有被石崇、王愷之流的豪富，視之為不堪食飲的對象。這情況，基本上又是與前面所描述的富人吃粥的事例，有著一定程度的雷同。相形之下，前面四則故事裡的後兩則宋人吃粥軼事，就比較透出些特別之處。

在蘇東坡的個案裡，「豆粥」明顯是鄉居生活的象徵物。他那首古風共由三段敘事組成，第一段的首一句用的便是「君不見虜沱流澌車折軸？」這等略帶質疑的口氣，接下來說的則是馮異獻光武豆粥的故實。第二段用的還是問句的句首，其內容是「又不見金谷敲冰草木春？」嗣後又有七句，寫的全是石崇拿來與王愷鬥富的豆粥故事。至於第三段，就很值得我們挹注目光，蘇軾在這段裡使用了截然不同於前的語氣，他自問自答的說道：「豈如江頭千傾雪色蘆，茅簷出沒晨煙孤。」這句表面上雖是寫景，但實際上指的卻是在這環

境中度日的蘇東坡自己。那意思就是說：「前面那兩種吃豆粥的人，怎能比得上我？」我們不妨想想蘇東坡要和古人比些什麼？比身分嗎？人家不是皇帝就是貴戚，他不過是個時運舛錯的謫官；比財富嗎？別人的財富不是「廣宇內」，就是「可敵國」，他也是一樣沒得比。蘇東坡唯一可以和人相較短長的，唯一是「我有人無」的東西，便是那份烹粥、吃粥的閒適。與他相比起來，光武帝的豆粥，吃得就既倥傯又倉促；石崇的豆粥，也是辦備得只圖快便，對於烹調火候全不介意。事實上，蘇東坡這首古風，與其說是專為「豆粥」的味覺感官而作，還不如說是他「藉事喻世」、「以粥明志」的產物。在他的概念裡，需要細熬慢燉方能得顯真味的豆粥，正可作為清閒生活的代表事物。

北宋蘇東坡對於豆粥的形象賦予，在南宋猶有法式之人，而上述第四則故事的主人翁林洪便是這樣的人物。事實上，林氏對豆粥的性質認定，

是要比蘇軾還來得更直接些。因為，蘇詩裡的豆
粥，猶可說是淡泊生活的一部分，但林洪那種「山
居豈可無？」的認知，則將豆粥的定位再往上推
向「必要」的層次，倒似少了這樣粥品，他那「山
舍清淡徜徉」的生活便會失色一般。值得注意的
是，在林洪所撰著的食譜裡，豆粥並不是唯一的
粥品，除了豆粥之外，我們還可以看見「梅粥」、
「真君粥」、「荼蘼粥」、「河祇粥」等四種粥品。
其中，林洪雖然只在「荼蘼粥」條下再次提及「此
味清切」這樣「許粥為清」的話語，但不可忘卻
的是，其餘三種粥品，也都還含括在他那部以清
為名的食譜《山家清供》之中。由此看來，在林
洪的認知裡，他顯然也是將這些不同作法的粥，
擺在與「豆粥」同樣的層次上，有了它們，山居
生活才夠得上是清淡，才值得徜徉於其間。

　　不過，一部由知識分子撰著的「食譜」為何
要以「清」來命名？而「粥」又與「清」何干？
有關這兩個問題的解答，其實正是我們進一步理

解粥的「清雅形象」的重要依據。事實上，林洪
所說到的「清」，是個頗為複雜的飲食概念，而這
「清」字的意涵又往往不只一種。比方說，這「清」
字有時是指飲食行為裡的「尚儉」作風，《山家清
供》裡有一道名為「假煎肉」的菜，就很能體現
這方面的意義，它的作法是：

> 瓠瓜與麵筋切薄片，麵筋浸油後用小火煎，
> 瓠瓜要用豬油小火煎透。然後，把用小火
> 煎過的瓠瓜與麵筋拌在一起，加蔥、花椒
> 油大火爆炒。這個作法的瓠瓜與麵筋，吃
> 起來跟肉一樣，幾乎分辨不出來是素菜。
> 我的朋友何鑄家請客，曾經上過這道菜，
> 我是在他家吃到的。何家是有錢人家，但
> 卻喜歡和隱居的朋友一起吃這道清高的
> 菜，也可以說是一種賢德。

瓠瓜與麵筋都是尋常便宜的食材，不添加價格較

高的肉類共炒，而僅僅是以葷油煎之，主要只是在取其肉味，這在今天的烹飪術語裡叫「素菜葷燒」，但在花費上卻可以減省不少。請注意，林洪認為這是「清味」。

其次，所謂的「清」，有時亦在於對「原味」的追求。《山家清供》裡的「傍林鮮」就是這樣一道菜：

> 初夏時節，正是竹筍的產期。這時，如果點燃一堆竹葉，再把竹筍放在其中燜燒，煨熟後的竹筍味道就會非常鮮美，這道菜名叫「傍林鮮」。北宋有名的詩人文與可，在臨川做官時，就曾經和家人一起吃這道菜。筍這樣的食物，最可貴的就是它原來的鮮味，所以千萬別亂加肉類。今天沒水準的廚師都喜歡加些肉來炒，這就好像君子被小人帶壞了一樣。蘇東坡就曾經說過「如果能夠大吃一頓竹筍，就不會想要吃

揚州雞了！」

竹筍甘香的原味，原不必雜夾以肉類，倘若加了肉，便像「小人」玷污了「君子」。正如蘇東坡所言，筍的鮮香本味，其實是手續繁雜的「揚州雞」所難以企及的。

最後，有益於身體，也符合林洪對「清」的要求。《山家清供》中的「薝蔔煎」，就是這樣的菜式：

> 從前我去訪問有名的讀書人劉宰，他請我吃中飯，端出了這道讓我覺得十分清秀可愛的菜。我問劉先生這道菜是什麼做的？他回答我說這是「梔子花」。這道菜的作法是：把梔子花的花瓣選大點的摘下，先在滾水裡過一下水，然後把水分瀝乾，再把這些花瓣在麵糊中拖過，放在滾油裡煎，這道菜名叫「薝蔔煎」。杜甫的詩裡有一句

是：「於身色有用，與道氣相合。」「簷蔔
煎」這道菜就是這種帶有「清和之風」的
菜色。

「油煎麵拖梔子花瓣」之所以能達到「清和」的
境界，主要在於其能切中「有用於身色」以及「與
道氣相合」 的杜甫詩意 ， 而這也被林洪認定是
「清」。

　　林洪那些似詩非詩的菜名，用今天的口語來
說，大概是可以名之為「炒麵筋瓠瓜」、「煨筍」、
「軟炸梔子花」吧？有趣的是，當我們把「儉省」、
「原味」、「健康」這三種「清的標準」從這三道
菜中剝離出來後，我們會赫然發現作為本書主題
的「粥」，其實也是符合這些要求的食物型態。其
中，粥的「省費」特性，固然是前文已然談到的；
但像對「原味」的要求，雖然在前面的討論中並
沒有直接觸及，但這一點單從我們的舌尖味覺也
能得到檢證。試問，水米混煮，水又無味，那剩

下的還不就是米穀的原味嗎？倒是最後一項，內容比較複雜些，所以我們還得在下一章裡再多做些工夫來加以討論。不過，大家也不妨先回想一下，在我們生活經驗裡，粥不是也常在身體違和的時候出現在我們的餐桌上嗎？這是為什麼呢？我認為答案就在下章所要討論的「吃粥與養生」的歷史脈絡裡。

最後，要附帶提及的是，本節以「豆粥」為題探討粥的清雅形象，並在最後以宋代林洪的一本食譜來做概觀性的總結，主要是因為在我所能見到的文獻載記裡，這兩者是能夠對粥的清雅課題提供比較完整資料的組群。事實上，「豆粥」並不是唯一具有「清雅形象」的粥品，而林洪最多也只能算是「清雅」的「信徒」而非「教主」。在他們之外，「茗粥」、「粟粥」，甚至是一般的「白粥」，都是曾經被人們賦予「清雅」意涵的粥品，而宋代之前的唐代，以及宋代之後歷代，也都不乏講究「清雅」如林洪者。只不過，他們所提供

的資料，並未若「豆粥」之清晰且首尾完整，而
這也是本節選擇「豆粥」作為例子的主要考量。

　　每逢選舉時節，臺灣這個小島上的眾多黨派，
就會彼此激化並對立起來，相互攻訐對方的不是。
一時之間，大至政壇秘辛，小至私人感情，各種
不利於對手的利空消息，也不管是真是假？有影
沒影？反正一股腦地全往外拋。最近這兩年，也
不知是誰先起的頭，連吃東西也成了做文章的題
材，例如：「某某院長吃的便當一個五百塊，真是
不知民間疾苦！」又如：「某某部長接受某大企業
集團的邀約吃魚翅，是不是在談有關利益輸送的
事？」這樣的論斷與揣測便時而可見於各陣營的
對外文宣中。事實上，「吃五百元的便當」與「知
民疾苦」不一定有直接的關係；「吃魚翅」也不見
得就是要「暗渡陳倉」。然而，我們仍然可以看見
被攻擊的一方跳出來辯稱：「哪有買五百元的便
當？我吃的便當連一百元都不到！」又或是像：
「沒有吃魚翅啦！只是喝杯茶啦！」這類的話。

當然，我們談的是歷史，自是無須對政客們的口水多辨滋味，但當代公眾人物對若干食物避之唯恐不及的樣貌，卻著實值得我們留心——食物是有形象的，而這個形象的賦予，則與吃食物的人有密切的關聯。

粥的歷史告訴我們，粥也是如此。採用同一類食材、同一種烹飪方式做出來的食物型態，卻往往有著「因人而異」的不同形象。同樣是手捧著粥碗，有人怕人瞧見笑他窮苦，有人卻吃得考究一點也不怕人知道，更有人藉著這碗粥來突顯自己的清高。然而，水米混融本是無情之物，有關粥的種種情結，其實全來自於吃粥的人，是人們的處境、際遇造就了粥的不同形象，而非這種食物本身在取得上的難易、抑或是價值的低昂使然。不過，儘管粥不是它自身形象的始作俑者，但我們還是得承認，在有關食物形象的塑成上，粥所具備的伸縮彈性，確實要比旁的食物來得高些。粥它可稀、可濃，便於節省開銷，易於體現

原味，在某種認知之下，它還對健康有所俾益。我們可以發現，不是所有的食物材料都具有這樣的特性，而屬於它們的食物形象也可能不若粥來得多端。

我寫本章的目的有兩個：其一是要說明粥在先民社會裡，是一種普遍的食物型態。其二則是要藉著分疏古典載記中繁如星斗的粥的形象，來體現食物與人們的互動關係。限於篇幅，我只能在敘述中，稍稍舉幾個比較具有代表性，並且饒富趣味的故事來加以陳述，並且乘便分疏一下這些故事的內在意涵。但事實上，同類的材料其實還多得很，時間也不限於文中所提及的歷史時段。換言之，我所討論的內容，其實應該是一個歷史上的普遍現象，而不是從屬於特定時空的歷史個案。這一點，是希望讀者能夠了解的。

# 吃粥與養生

　　西漢初年，擔任陽虛侯宰相的趙章因為飲酒過度，竟然罹患了飲食即吐的疾病。當時，參與會診的名醫很多，他們都一致認為這是「寒中」的現象，唯有淳于意抱持著不同的意見。淳于意大夫指出，趙氏的病症乃是「迴風」，不是什麼「寒中」。趙章後來死了，而淳于意則在他所寫的病案裡分析了趙章的病史與死因，他說：

　　　趙章的脈，觸摸起來會感覺近似圓滑的跳動，這是風氣在內臟中作亂的徵兆。得了這樣的病，如果表現出一吃東西便會全部吐出的症狀，一般而言，不出五天一定會死，這是沒法子醫治的。不過，趙章雖然

是死了，但他卻是拖到了第十天才死的，這是為什麼呢？我推測應該是與他習慣常吃粥有關係吧？因為吃粥是能充實內臟的，而內臟充實才會拖得這麼久。我的老師陽慶先生曾經說過，得了這種病，平日能夠合宜食用米穀的人會拖得久些，不能夠的則會很快死亡，趙章的例子就是證明。

這段話原載於西漢司馬遷的《史記》之中，原文比較艱澀難懂，所以我把它改寫成口語。淳于意是當時的名醫，也有人叫他倉公，這人在歷史上是很有名的，不過不全是因為他的醫術。對歷史不太陌生的人，或許還知道有個「緹縈救父」的事情吧？那就是淳于意和他女兒的故事。

西漢初年淳于意和他老師陽慶這一派的醫者，大概是很重視米穀品類對於人體的積極性能。對他們而言，合宜地食用米穀，是有助於人體健康的。然而，怎麼個吃法才叫合宜呢？從上面淳

于意的病案分析看來，他顯然認為「粥」是個合宜的吃法。

西漢名醫的病案，是我們切入本章主題——「吃粥與養生」的重要途徑。因為，透過這個故事，我們可以看到在早期的傳統醫學知識領域裡，確實是存在著一種「吃粥有益人體健康」的看法。然而，醫者有的認知，患者卻不一定也有。我的意思是，趙章的吃粥習慣，當然有可能是因為他也知道淳于意所知道的東西，他原本就是要藉著吃這樣的食物來保養身體；但是，不可否認的是，趙章也可能沒有淳于意那樣的認知，他常常吃粥也可能只是因為他喜歡吃粥而已。再有一點，那就是在漢代，一位醫者的認知，並不必然就是所有醫者的認知。我說這話的基礎是：淳于意與那些同為趙章診病的「名醫」們，並不是同一個師承，而倉公卻說他對粥的保健知識是得自於他師父陽慶先生的傳授。

就暫且把這一堆質疑先擺在一邊吧！我們不

妨先把目光挪移到一個更大的歷史時空去，在那裡，我們會看到的景況是：從漢代到唐代這段時間裡，除了趙章之外，有關「吃粥有益健康」的記載，基本上是很難再在「醫書」以外的古典裡尋獲蹤跡的。但是，從宋代開始，一直到晚近的清代，情況卻有很大的轉變，因為那碗與健康發生連繫的粥，不僅常被醫書提及，還愈來愈常出現在一般知識分子的著作裡。他們不僅自己奉行這樣的飲食方式，還時常向旁人宣揚吃粥的好處，他們甚且還著書立說，將這樣的認知透過文字傳遞給更多的人們。我們可以這麼說吧！如果就文字記錄的整體狀況而言，在宋代以後，「粥與健康」的關係，似乎是比較全面而普及的。

　　「全面而普及」不只是一種描述而已，在吃的歷史裡，這樣的描述或許是有很深刻的意義存在。有一位人類學家就說：「漢人的飲食習慣與行為常是醫療健康觀念的次系統」。這段話如果再說得口語點就是：「我們漢文化下的人，常常會將『吃

東西」，當成是一種追求健康的行為。因為，對我
們而言，有些食物，是具有醫療或保健效果的。」
這話究竟有多少正確性？其實也不必深思，只要
看看我們周圍的女性常會在什麼樣的情況下吃
「麻油雞」大概就能得到印證。總之，我要說的
是，在「粥與健康關係」的歷史裡，「全面而普及」
的文字載記狀況，或許正意味著一種新興飲食習
慣的成熟。值得注意的是，這個飲食習慣的好處，
還是很多人所共同承認的，而不只是醫生的知識
而已。

　　我們談「吃粥與養生」的歷史，其實就是要
談人們「吃粥追求健康」的歷史。以下，既然我
們是從漢代起的頭，那就讓我們先來看看漢代的
醫生為什麼會認為粥是有益健康的吧！

## 本草典籍中的米穀品類

　　談起「本草典籍」，還記得不久之前，有一個

李時珍墓前塑像

廣告是賣「愛之味麥茶」的吧？其中主角諧星澎
恰恰一出場，便拿著那瓶麥茶產品對鏡頭說：「根
據《本草綱目》的記載，大麥消渴除熱，益氣調
中⋯⋯」澎恰恰說的《本草綱目》，就是「本草典
籍」的一種，這類著作其實就是中國古代的藥學
專書。不過，《本草綱目》是明代人李時珍的作品，
這本書在古代眾多的「本草典籍」之中，只能算
是晚出的一本，比它早的本草著作還有很多。

　　本草典籍雖然有很多種，但這類著作的體例

《本草綱目》書影

卻十分相似。一般而言，各種藥物會按照它們的性質，而被分類在諸如「金石」、「草」、「木」、「虫」、「魚」、「米」、「果」、「菜」……等項目之下，而每一種藥物的記錄則又大體會按照「名稱」、「性味」、「功能主治」、「產地」……這樣的次序排列。就拿我們今天常會吃到的「檳榔」來說吧，它在唐代的《新修本草》裡是這樣被記載的：

　　檳榔。味辛，溫，無毒。主消穀逐水。除痰癖。殺三蟲伏尸。療寸白。生南海。

《神農本草經》輯佚本書影

這段文字中的「味辛，溫，無毒」五字是古代藥
物學家對於檳榔的藥性鑑定，而在產地「南海」
之前的那段話，則是屬於「功能主治」的部分。
要請諸位讀者注意的是，類似這樣的記述模式，
不但是《新修本草》所採行的體例，同時也是唐
以前或以後各種官私藥典的共同格式。當然，我
們這裡要談的米穀，也是一樣。

　　米穀在古代藥學專著裡的出現時間，是可以
向上推溯到唐代以前的。不過，在成書時間約在

戰國至西漢間的現存最早藥學典籍《神農本草經》
中，有沒有日常米穀的身影卻還是值得懷疑的。
這是為什麼呢？因為，今天我們所能看到的《神
農本草經》，其實都是後來人們的輯佚之作，而這
些從事輯佚工作的學者，常會因為他們曾經在其
他古代著作中，找到過一些標明是引用自《本草
經》、《神農本草經》、《本草》、《神農食禁》等今
天已經看不見原書的古典本草書裡的米穀條文，
就認為有關這些穀物的記錄全都是古代《神農本
草經》的原文。事實上，這樣的認定是很危險的。
因為，在《隋書‧經籍志》裡，曾記錄著數十種
本草。其中，冠以「神農」二字者，有十餘種。
單純題名為《神農本草經》的則有五種。問題在
於，今日我們根本無從知曉這些本子，究竟是《神
農本草經》的古典原本？還是另外一部著作？因
為，以上古聖賢配屬醫書的習慣，在古代是很普
遍的，書名中出現同一位聖賢名字的醫書，未必
就是同一部著作。

C.3342

神農氏嘗藥辨性

百草備嘗寒熱溫平通造化

千方頗著虛實表裏起沉疴

神農氏嘗藥辨性

　　如果撇開《神農本草經》不論,那麼今天可以看到最早記載米穀品類的古代藥學著作,大概就是《名醫別錄》了。事實上,《名醫別錄》還是一部與《神農本草經》有密切關聯的著作。根據相傳是該書作者的南朝道教大師陶弘景的說法,《名醫別錄》的內容並不是他個人的創作,而是東漢以來「名醫們」增補在《神農本草經》原書中的文字,其中有些是對於《神農本草經》既有藥物的補充,但也有很多是新添入的藥物。看來,日常食用的米穀成為古代本草藥學記載對象的時間,就算不能上推至先秦時期,但至遲到西元二世紀左右,在部分醫者或藥學家的認知裡,米穀的藥用價值是已經被肯定的。

　　以下,我們就來看看《名醫別錄》對於米穀藥物的記載內容:

| 種　類 | 性　味 | 功能主治 |
|---|---|---|
| 粟　米 | 鹹、溫、無毒 | 益氣、厚腸胃、補腎氣、令人耐飢 |

| 秫　米 | 甘、微寒 | 止寒熱、利大腸、治漆瘡 |
|---|---|---|
| 粳　米 | 甘、苦、平、無毒 | 益氣、止煩、止瀉 |
| 黍　米 | 甘、溫、無毒 | 益氣、補中 |
| 丹黍米 | 苦、微溫、無毒 | 咳逆、霍亂、止瀉、除熱、止煩渴 |
| 青粱米 | 甘、微寒、無毒 | 胃痺、熱中、消渴、止瀉痢、利小便、益氣、補中、輕身、長年 |
| 白粱米 | 甘、微寒、無毒 | 除熱、益氣 |
| 黃粱米 | 甘、平、無毒 | 益氣和中、止瀉 |
| 糵　米 | 苦、無毒 | 寒中、下氣、除熱 |
| 小　麥 | 甘、微寒、無毒 | 除熱、止燥渴、咽乾、利小便、養肝氣、止漏血唾血 |
| 大　麥 | 鹹、溫、微寒、無毒 | 主消渴、除熱、益氣調中 |
| 穬　麥 | 甘、微寒、無毒 | 輕身、除熱、久服令人多力健行 |
| 稻　米 | 苦 | 溫中、令人多熱、大便堅 |
| 稷　米 | 甘、無毒 | 主益氣、補不足 |
| 陳廩米 | 鹹、酸、溫、無毒 | 主下氣、除煩渴、調胃止瀉 |

上面這個表中所列出的米穀種類雖然多達十五

種，但類屬卻不脫本書前面所提到的黍、稷、粟、稻、麥的範疇。由這一點可以知道，古代本草藥學專書所著錄的米穀品類，基本上是與先民生活中的食糧作物有著一定程度的疊合。事實上，《名醫別錄》中有關米穀的記述，不論是「種類」、「性味」，還是「功能主治」，都被後來的幾部比較重要的本草著作如唐代的《新修本草》、宋代的《證類本草》所完全承襲，甚至到了明代，當李時珍撰著《本草綱目》時，也沒有對《名醫別錄》中的相關文字多加更動，他最多也只是就著當日所流行的「金元藥理學說」來做些解釋的工作。因此，我們也可以這麼說，傳統中國藥物學對於米穀品類的藥用認識，早在距今兩千年以前就已經成型了。

　　其實，在傳統本草學的知識系統裡，藥品性能的古今雷同，也並不是一種特別的現象。因為，同樣的狀況，不獨存在於米穀類的藥物中，同時也可見於其他屬性的藥物載記裡。這種現象的成

因，主要是與歷代主要本草典籍皆致力保存前人知見的知識傳統有關。關於此，宋人鄭樵還曾經在《通志‧校讎略》中以「書有名亡而實不亡」的說法，來評述這種傳統本草學著作的文本特徵。不過，關於這些，由於並非本書的主題，所以也無需在這裡再加深論，讀者只要知道有這麼回事，也就足夠了。比較值得我們注意的，還是上表中那些米穀類藥物在「性味」與「功能主治」上所展現的一些共同特徵，那就是「無毒」的「性味」，以及「養護」的「功能」。

談到毒，當代傳統醫學對毒的概念，是比較廣闊的。何者有毒？哪樣無毒？完全得看使用的方法是否恰當。換句話說，今日中醫學理對於毒性的理解，比較傾向以藥物之於人體所產生的作用為判準。其中取決的關鍵，與其說是藥物本身，倒不如說是施用的對象與方法，還來得更切近實際些。

古人對於毒的理解，其實是比較直觀的。總

的來說，雖然有如明代張景岳之流的醫家，提出
「所謂毒者，以氣味之有偏」的「偏勝說」來作
為判定的依據。但實際檢索本草藥書的載記，便
可發現這樣的說法其實也是很模糊的。按照「偏
勝」的理路，應該所有具備「四氣」──亦即寒、
熱、溫、涼性質的藥物都是所謂的「毒藥」，而本
草藥書記之為「平」的藥物則皆應為「無毒」才
是。然而，翻檢本草古典，我們卻可以發現如「姜
黃」、「蓽撥」這般質屬「大寒」或「大溫」的藥
物，仍被載記為「無毒」；而「貝子」、「半夏」之
類的「平藥」，卻又被列為「有毒」。事實上，類
似這樣的衝突，在傳世本草藥書中可說是不勝枚
舉。顯然，偏不偏勝，也不是古代決定藥物有無
毒性的主要標準。

我的看法是，儘管古代藥學中的毒物定義存
在著許多矛盾，但「毒」會對人體帶來一定程度
威脅的本質，終究是不需要多加驗證的。在此，
我認為前面所提及的那部成書時間比《名醫別錄》

更早的《神農本草經》，雖然很可能還沒有將米穀
品類納入藥物的範疇，但這部古代藥學專書對於
藥物的分類，或許是我們在嘗試理解「什麼是毒？」
的思考活動中，可以多加注意的。在這部書中，
藥物是被分為上、中、下三品的，而所謂的「上
品藥」，則是具有「無毒，多服、久服不傷人」的
特性。雖然《神農本草經》中許多上品藥物，其
實在今天看來都是有害人體的毒物，但那句「多
服、久服不傷人」的說話，卻仍然是當時人們檢
證毒性有無的樸素依據。我的意思是，如果我們
從這個角度來做判斷，那麼在《名醫別錄》裡所
有米穀品類都屬「無毒」的現象，其實都正符合
早期「上品無毒觀」中作為判準的「多服、久服
不傷人」的古誼。在這樣的視界下，日常食用的
各種穀物，當然不能是有害人身的。因此，儘管
存在著諸如「粟米」、「秫米」、「黍米」、「丹黍米」、
「青粱米」、「白粱米」、「小麥」、「大麥」、「穬麥」、
「陳廩米」之類「性味」非「平」的品類，但它

們依然屬於無毒的藥物。

　　穀物既是食品，又不具有傷人的毒性，自是可以久服、常服的。然而，作為藥物的穀物，除了充飢的作用外，必然還具有其他有益身體的機能。對照上表所臚列的《名醫別錄》裡的各種米穀的「功能主治」就可以發現，絕大部分的品類，都具有「養」與「補」的功能。在我看來，「養」的意義大概近於「培養」，帶有「強化」的味道，基本上可以和「益」、「厚」互通；而「補」，則是專門針對「不足」而設置的。

　　食物有益生命，這是當然的道理。但不論是「養」、「益」、「厚」，抑或是「補」，都得有個施發的對象才能作用。從上表中看來，米穀品類的這類作用，最常以「氣」作為發揮功能的對象，其次則是胃、大腸、腎、肝等臟腑。事實上，在傳統醫學的氣論範疇下，言「體氣」即等於言「臟腑」。因為，根據中醫的「藏象學說」，胃、腸是主司「生氣」的，而腎、肝則分別掌管「氣」的

「保藏」與「疏泄」。

是食物，同時也是藥物。米穀的前一個身分，社會性比較強，它涉及的是口感、味覺、經濟狀況，以及不同的風土；後一個身分，則涉及先民對生命的關切。與社會性的面向對比，基於本草藥學而得到的米穀印象，顯然比較近似於「醫療」的一方。以下，我們就以本節的敘述為基礎，進一步探討這種古代生命知識的運用實際。

## 早期使用米穀品類的方劑

在上面的敘述裡，我已經嘗試將本草藥學知識系統中的米穀品類藥用性能介紹給大家。接下來，我們要再看看的是這些米穀品類在當日實際臨床上的使用狀況。不過，要先說明的是，由於我們並無法確認這些「名醫」究竟是何人，所以，我們最好別把《名醫別錄》裡部分名醫對於米穀品類的認識，當作是西元二世紀左右所有醫生的

共同知識。而在以下的論述裡，我們最多也只能從少數當時傳存至今的一些方劑裡，推測早期米穀藥物的使用狀況。

今天吃慣西藥的我們，大概不會覺得「方」跟「藥」有什麼差別，反正在看完門診後，我們就只是拿著「處方」去「藥局」拿那一粒粒已經

傳統中醫藥方

由各大藥廠合成好的「藥丸」。然而，只要你曾經
去看過那種比較傳統、不會只開些「科學中藥」
的中醫，你就會發現情況是不太一樣的。除非你
吃的是他們已經做好的丸或散，否則傳統的中醫
師通常會開一張由好幾種藥材組成的方子給你，
而且上面還會注明每種藥材的使用分量，然後讓

《五十二病方》

你拿著這方子去那種有一整條大櫃檯與藥櫃的傳統「藥材店」抓藥，並請你回家把那包抓好的藥材熬成湯汁。而我們這裡要談的「方劑」，就是比較麻煩的這一種。

談起使用米穀品類的方劑，現存最早的例子是出現在「馬王堆古醫書」中，這是一批1973年在中國大陸湖南省挖出來的漢代簡帛，這些簡帛的內容有些是西漢的，有些則可能更早，可以上推至春秋時期。「馬王堆古醫書」不是一本書，而是許多醫書的共同總稱，而我們所要找的使用米穀品類的醫方，則分別見於《五十二病方》與《養生方》裡，共有二十一個方子。不過，「馬王堆古醫書」中的米穀醫方，雖然數目不少，但每個方子使用米穀的理由，卻不一定都能和後來本草藥學中的敘述相互符合。因為，在那二十一方中，有很多方子是專治體表外傷的外敷劑，再來就是屬於強健男性性能力的藥酒方，另外還有一些雖然是用米穀熬成的粥，但卻是用來治療肛門搔癢

與蜥蜴咬傷。只有一個方子明顯是用穀物來治療排尿困難的毛病，有點類似後來本草藥物學中部分穀物「利小便」的功能主治。不過，這個方子也沒有明確說明它用的是哪一種穀物。

「馬王堆古醫書」出土於西漢初期的貴族墳墓裡，這也就是說這批醫書裡所記錄的米穀藥方，最晚也不會晚於西漢初年。然而，我們雖然沒法子從現有的本草藥物記載裡，搞清楚這些醫方使用米穀品類的理由，但這也並不表示那些記錄在《名醫別錄》裡的米穀性能，就必定是到東漢時才突然蹦出來的。我們不可忘記的是，古代醫學知識傳授的主要管道是師傅的傳授，東漢名醫們的知識，未必不是來自於師門中的代代相承。還記得本章一開始所提到的那位名醫淳于意吧？他就是西漢初期的名醫，他就認為米穀做成的粥是能夠「強健臟腑」的，淳于意的知識顯然要比「馬王堆古醫書」中的米穀藥方，更接近東漢名醫們對於米穀品類在醫藥用途方面的認知。不過，他

對米穀的知識，也是他師傅傳給他的。

　　淳于意對於米穀品類的重視，可以從他替人治病時用藥遣方的內容得到證明。根據《史記》的記載，淳于意的醫案共有二十五則，其中有六則都是使用米穀熬成的液體來治療疾病。在《史記》的原文裡，這樣的米穀汁液共有三種名稱，分別是「火齊湯」、「火齊米汁」與「火齊粥」，而適用的病症則包括了「大小便困難」、「腹瀉」與「五臟氣虛」。我們可以發現，西漢初年淳于意對於米穀品類的使用，其實是很能切合後來本草藥書中的說法。因為，上面三種病症，我們都可以在前面那個摘取自《名醫別錄》的簡表中，找到對症的穀物品類。

　　比較值得注意的是，淳于意所使用的米穀方劑，雖然在型態上有著「粥」、「米汁」與「湯」的濃度差別。但既然冠上了「火齊」的名稱，大概就不會是隨便烹煮的一鍋湯水。因為，所謂的「火齊」，意思是「水火之齊」——就是特別注重

水、火、木的取材。換句話說，這類型的療疾方子對製作也有嚴謹的要求。關於此，我們從同樣是成書於漢代的醫學理論典籍《黃帝內經》中也可得到印證：

> 黃帝問岐伯：「五穀湯液要怎麼做？」岐伯回答說：「要用穀物的粒實作原料，用穀物的莖幹作燃料，因為穀物粒實是飽滿的，穀物的莖幹是堅韌的。」

這段對話裡的「黃帝」與「岐伯」都是虛構的人物，但他們的對話卻反映出漢代部分醫學流派對於「五穀湯液」的製作要求——那就是從熬煮的穀粒，到生火的燃料，每一樣都有講究。此處，唯一沒有提及的是製作時的火候；不過，若從其對於生火材料的堅持看來，上述對話中有關「穀物的莖幹是堅韌」的描述，或許也有暗指火力性質的意思。

使用米穀作為藥材，並在製方概念上符合本
草藥書中對於穀物品類藥用認知的醫者，除了西
漢初年的淳于意外，還有東漢末年那位被後世尊
為「醫聖」的名醫張仲景。在張氏的《傷寒論》
裡，使用米穀品類的方子有四個：

| 方　名 | 主　治 | 組　成 | 製　法 |
|---|---|---|---|
| 白虎湯 | 傷寒傳陽明、發熱、汗出、口渴 | 知母六兩、石膏一斤、甘草二兩、粳米六合 | 以水一斗，煮米熟，湯成去滓，溫服一升 |
| 竹葉石膏湯 | 傷暑、口渴、汗出、神昏、氣短 | 竹葉兩把、粳米半升、半夏半升、石膏一斤、人參三兩、麥門冬一升、甘草二兩 | 以水一斗，先煮六味，取六升，去滓，納粳米，煮取米熟，湯成 |
| 桃花湯 | 少陰病、下利、便膿血 | 赤石脂半全用半篩末、乾薑一兩、粳米一升 | 右三味，以水七升，煮米令熟，去滓，溫服七合，納赤石末 |
| 豬膚湯 | 少陰病、下利、咽痛、 | 豬膚一斤、米粉五合 | 以水一斗煮取豬膚五升，加白 |

| | 胸滿、心煩 | | 蜜、白粉五合，熬香，和令相得 |
|---|---|---|---|

在上述四方裡，米穀品類雖然都不是擔負主治任務的藥材，但是，經過烹煮的調劑程序，最終完成的方劑型態，卻會與前面所提及的「火齊」一系的穀物汁液，以及《黃帝內經》中的「五穀湯液」十分地相似。例如，在「竹葉石膏湯」一方裡，「粳米」只不過是全部七種藥物之一，但它卻

張仲景像

是在「先煮六味」之後才加入的和劑藥品。換言
之，這則湯方的氣味或許有些刺鼻，但它的樣子
大概與倉公所使用的「火齊米汁」有些神似。又
如在「白虎湯」一方中，「粳米」同樣也不是擔任
主治的藥物，但是它的分量卻有六合之多，這則
湯方的外貌多半也有著米汁般的黏稠型態。至於，
「桃花湯」與「豬膚湯」這兩則湯方，若從其味
僅一二的和劑內容觀之，其外形大概也是米汁的
模樣。值得注意的是，上述四方不僅在「型態」
上有類「湯液」，就連米穀品類所扮演的功能角色，
也不脫湯液補養腸胃的範疇。在「白虎湯」、「竹
葉石膏湯」與「豬膚湯」中，米穀的作用在「益
胃」、「益氣」，以防止「石膏」的大寒特性傷到脾
胃。而在「桃花湯」裡，「粳米」的使用也是基於
「養胃和中」的考量，它的功用本在調合乾薑的
辛辣之氣。

　　總的來說，使用米穀藥材來強健人體臟腑的
機能，在漢代是有例可尋的。然而，這些以烹煮

方式製作而成的方劑，儘管有著「粥」的外形，但是不是也像一般的「食物」那樣容易入口，就很值得懷疑。關於這一點，由於淳于意的「火齊系列」是描述不清，《黃帝內經》也只談到了大概，所以沒法子再做進一步的考論。不過，如果漢代使用米穀製作方劑的醫家，最後做出來的方藥都是類似張仲景在《傷寒論》中的那四個方子的話，那麼我們幾乎可以確定那樣的方劑，必定帶有濃重的藥味，不會像日常食物那樣容易入口。事實上，像不像「食物」對於要討論「吃粥與養生」的我們來說，是很重要的判準。因為，我們最終要討論的是「有醫療功能的食物」，而不是「像食物的藥」。


# 「粥能益人，老年尤宜」
## ——清代曹庭棟的《粥譜》

西元1773年，在中國正是那位花花天子乾隆

皇帝登基後的第三十八個年頭，浙江省一位有錢
有閒的人，寫了下面這樣一段話，他說：

　　粥對人是有好處的，老年人尤其合適吃粥。
以前的醫生與對養生有研究的人，都留下
了很多煮粥的辦法。不過，他們做的那些
粥，口味雖然很多，但是都分散在不同的
書裡，並不容易看個完全。我常覺得，粥
是日常的食物，拿粥來作為追求健康的工
具，主要是因為粥既好吃又容易入口。但
是，也有些被人拿來治病的粥，雖然藥味
很濃並不好吃，但還是有它們存在的價值。
總之，這些各式各樣的粥，都散在不同的
書裡，查閱起來很不方便，可說是我們講
究養生的人的遺憾，而這也是我寫《粥譜》
這本書的原因。我的《粥譜》，先從最初步
的米、水、火候與吃的時間談起，教大家
煮粥的基本原則。然後，就把各種粥的食

譜寫出來讓大家知道。我把這些粥分成三種，但分類的依據主要不是治病效果，而是味覺口感。我的分法是：味道聞起來清新、吃起來順口的是最上品的粥，稍稍遜色的是中品，而味道很重的粥則是下品。我一共寫下了一百種粥的作法，我的原則是既對健康有好處而且又好吃的我才介紹。所以，許多藥味太濃的粥我就把它們刪掉了，因為那簡直是藥，一點也不好吃。

寫這段文字的人是曹庭棟，當時他已是七十五歲的年紀，在清乾隆年間，這可算是高壽了。不過，或許是因為曹氏是位養生家的緣故，在寫完這篇文章之後，他又活了十五年才去世。

曹家家世顯貴，打從明朝起，代代都有人做官，只有曹庭棟因為「幼有羸疾」而未曾踏入官場。不過，顯貴的家庭背景，與身體的孱弱，並無礙於學問的積累。曹庭棟的學問是很好的，當

時的人說他是「經學、史學、詞章、考據無所不通」。總而言之，曹庭棟雖然沒有功名，但他徹頭徹尾還是個知識分子。

曹庭棟對於粥的講究，從他熬粥的程序上就可以看得出來。首先，他十分注重米的選擇，他認為比較乾硬的米粒是最合適的，而其中又以「香米」這個品種最佳，但如果一時沒法得到這樣的素材，那麼比較早收成的稻穀與比較晚收成的稻穀，也都是很好的選擇。曹氏指出，其實粥也不一定只能用稻米來做，他說像《本草綱目》裡「利小便，止煩渴，養脾胃」的「粳米」、「秈米」、「粟米」、「粱米」，以及「益氣，治虛寒瀉痢吐逆」的「糯米」、「秫米」、「黍米」也都是很好的煮粥材料。

其次，曹庭棟對煮粥的水也很注意。他說，如果用的水不對勁兒，就會連帶地影響到粥的味道。曹氏推薦給煮粥人的水，包括了「初春的雨水」、「早晨第一次汲取的井水」，以及「經過硃砂沉底的缸儲水」。此外，他也特別告誡人們絕對不

可以使用「春天的雪水」、「梅雨期的雨水」與「不能流通的水」，因為這些都是藏污納垢的水，喝了就會引起疾病。

有了水、米之外，還得有火加熱才能熬出一鍋好粥，曹氏對加熱烹煮的過程也是講究多多。他說粥要煮成不濃不稀的糜狀才好吃，火候太過與不及，都會熬不出穀物香氣。曹氏還認為，煮粥的火，最好要能穩定地燃燒，原則上是以「桑木」為佳，但實在沒有時，權且用樂木製成的木炭代替，也是可以接受的。他並且進一步提醒人們，煮粥的器皿必須要是瓷器，而煮的時候要先將水煮開一段時間後，再把穀物放入。

最後，曹氏則是將目光從烹調的層次，挪移到張嘴吃粥的時機上。他指出，如果訴求是為了調養人體的機能，那麼吃粥的人們最好是在空腹的狀態下來吃粥，但除此之外，就不應該再進用其他的食物。否則，粥的功效將會大大被削減，而無法達成養生的目的。

　　曹庭棟對粥的講究，即使從今天的物質生活水平來看，也是挺夠瞧的了。看看你我周遭，大概也不容易再找出個像他這般吃粥的人物。不過，我之所以拿他來做例子，也並不只是要介紹一位生存在三百年以前的「吃粥富家子」，而是希望能夠藉由這位清代養生家的相關言談，看看「吃粥追求健康」這件事，在漢代米穀品類入藥之後的兩千年裡，有沒有什麼樣的變化。而從上面的事蹟裡，我們可以看到的是，變化確實是發生了！在清代曹庭棟對於吃粥的種種講究裡，不僅有本草藥物學知識系統的認識面向，還有關於口感味覺的感官考量。曹庭棟與西漢初年淳于意一樣的是，他們都有「粥是有益健康的食物」的認知；而不一樣的是，後代的曹庭棟是十分計較好吃與不好吃的問題。

　　同樣是追求健康，吃的也是同樣的東西，曹庭棟比淳于意多出的那一項「味覺要求」，或許正意味著這兩位生存年代前後有別的人物，是以不

同的眼光來看待那碗用米穀熬製的粥品。我的意思是，淳于意既有得之於師授的「粥是有益臟腑」的知識，又會在面對部分疾病時以「火齊湯汁」來治療病人，那麼，在他的腦海裡，粥或許是近於方藥的。而曹庭棟卻在追求健康的同時，也拿著他對食物饌餚「必須適口」的美味判準，來要求那碗他送入口中的粥品，這麼看來，曹氏似乎是把「有益健康的粥」當成是一種食物來看待的。

淳于意的心思，我們無法揣測，因為有關他的記錄全是司馬遷的轉述。但曹庭棟可不一樣，他的想法，全出自於他自己的嘴巴。他把粥看作是一種「養生」的「食物」而非「藥物」的例證，除了在前面那段被我改寫成白話的說話裡處處可見外，在他的另一部著作《老老恆言》中，也可以間接揣度得出來。在那部著作中，他曾明確說道：「我認為以方劑來補強身體，不如用飲食來達成同樣的目的。」可見，曹氏對粥的看法，也是同一個系統的。

　　粥，是曹庭棟心目裡的「健康食品」。不過，
既然是食品，又強調要顧及味覺口感，花樣自然
是得多些的。綜觀曹氏在《粥譜》中所臚列的一
百種粥品，全都屬於「混合粥」──亦即在米穀
之外，再加別種材料共煮而成的粥品。不過，值
得一提的是，與前面一節所提到的東漢張仲景的
那四個使用米穀品類的醫方相比，清代曹庭棟的
粥品，雖說是混入了米穀之外的品類，但每一種
粥最多也只添加了一種旁的材料，而且幾乎都是
日常食用的蔬、果、肉類。換句話說，《粥譜》中
的粥品，看起來大概跟我們日常吃的「綠豆粥」、
「地瓜粥」、「海產粥」相去不遠，但卻絕對不會是
一碗徒有粥的黏稠，卻又充滿刺鼻藥氣的「湯藥」。

　　曹庭棟對於各種粥品的分類方式，由於涉及
他個人的感官喜好因素，所以已經不是本章主題
所能涵蓋的課題。不過，簡略地來看，在他的三
品分類體系裡，聞起來氣味愈是薄弱，嚐起來愈
不油膩的粥品，排名就愈前面一些。這麼說或許

仍是會讓聽的人有點迷糊，還是舉個例子來說吧。
比方像「鹿尾粥」、「鹿肉粥」、「鹿腎粥」這三種
分別列入上、中、下三等的粥品，雖然全是在鹿
的身上找材料，但味覺口感卻可能全然不同。根
據曹庭棟的描述，它們的作法分別是：

| 名　　稱 | 品　　級 | 作　　法 |
|---|---|---|
| 鹿尾粥 | 上　　品 | 鹿尾，先風乾，剝去脂肪和油膜，取出中間僅剩的已經凝固的血塊，剁碎，混入粥中共煮 |
| 鹿肉粥 | 中　　品 | 鹿肉，先風乾，剁碎，混入粥中共煮 |
| 鹿腎粥 | 下　　品 | 鹿腎與粥共煮 |

食材的油脂含量與氣味，在此明顯是取決品級的
理由。「鹿腎粥」之所以會列入下品，大概是因為
動物內臟本來就具有濃重的臟氣味，而腎臟由於
是化生尿液的器官，又堪稱臟器中氣味最強的一
種。關於這點，此處也不須多說，讀者只要隨手
翻一本食譜，看看「炒腰花」這道菜得花多少功
夫在去除臭穢臟氣的步驟上，就可以明白個大概。
至於，「鹿尾粥」之所以能勝過「鹿肉粥」而得列

上品，多半還與這兩種食材，一是經過去油程序，一是直接入饌的作法有關。

　　嚴格的來說，曹庭棟的《粥譜》，雖然是一部強調養生保健的著作，但是這本書的內容，與其說是接近或類似「醫書」與「養生書」，倒不如說它更像是一本日常中饋的食譜作品，還來得更恰當些。不過，說是說外貌不像，但骨子裡這本食譜也有著醫療的面向。首先，在這部書中，不分等級，幾乎絕大部分的粥方，都還是就著本草藥學知識系統裡那種認為「米穀可以補益臟腑」的概念來設計的。關於此，本章雖然限於篇幅，而無法逐一陳列所有粥方的主要功能。但是，若從曹氏在《老老恆言》卷三〈病中食粥〉條中所說的：「胃腸弱而百病生，脾陰足而萬邪息」、「脾胃乃後天之本」，以及「每日空腹食淡粥一甌，能推陳致新，生津快胃，所益非細」等話語看來，曹庭棟確實是承繼了傳統醫學本草藥書中那些有關米穀品類補益臟腑的認識。其次，曹庭棟以吃粥

來追求健康的行為，其實是有傳統醫學中的「食療概念」來作為基礎的。此處，有關「食療」云云，我們先暫且按下不表，因為這在下面一節裡將會有比較詳細的介紹。不過，曹氏在《粥譜》的〈後記〉文裡，確實曾經提及他之所以要編纂這麼一部以追求健康為目標的《粥譜》，就是要告誡那些有心調養身體的人們，不要輕易使用可能會對身體造成傷害的「峻厲補藥」。

曹庭棟的《粥譜》不是絕響。在曹庭棟故世後的百餘年間，清代猶有黃雲鵠的《粥譜》問世。然而，時間雖有先後之別；但黃氏那部成書於光緒七年（西元1881年）的著作，不論在內容或體例上，都與曹氏的知見極為相近。看來，以粥自養者，在清代的知識階層中，或許還不在少數。

有關清代士人「食粥追求健康」的敘述，到此可以暫且打住。因為，再往下說，我們最多也只能在「粥譜」的小小框架裡打轉，很難再看出個什麼新意來。不過，本節裡有一句話是我希望

讀者們能再加深印象的，那就是本節的節名「粥
能益人，老年尤宜」。以下，就讓我們把握這「八
字箴言」，看看粥的食療譜系。

## 粥的食療譜系

在前面的論述裡，我們談到了清代主張「吃
粥追求身體健康」的知識分子，並且也對他們的
相關著作，做了一個大致的簡介。但是，不知道
大家有沒有察覺，有一個很有趣、很特別的現象
——那就是傳統中國並不是沒有醫學知識的存
在，而中國醫學在實際臨床上的療效也是有目共
睹的；事實上，且不說是因病而施治了，就算是
像「調養身體機能」這等防範於未然的訴求，中
醫的方藥系統也足以應付得當。然而，就是會有
人寧可捨卻方藥不吃，偏偏要選擇像粥這樣的食
物來達成保健的目的，這究竟是為了什麼呢？對
於這個問題，我的理解是，清代知識分子的相關

認知與行為，還是得從傳統醫學的脈絡裡來找答
案，才能摸得清來龍去脈。

粥與健康的關係，是可以擺在傳統醫學的「食
療概念」裡來加以理解的。此處，既然談起「食
療」，就不得不提一提唐代那位大有名望的醫界國
手孫思邈，因為今天傳統醫學裡有關「食療」的
理論性見解，就是由他所提出的。這段關鍵性的
文字，見於孫思邈的《備急千金要方》裡，話是
這麼說的：

> 食物是能排除邪惡、保護臟腑、維持精神、
> 供應人體所須能量的東西。正因為如此，
> 所以如果能懂得用食物來治療身體的缺陷
> 或不適，讓身體安康，疾病遠離，就可以
> 稱得上是位好醫生。這真是老年養護的好
> 辦法，也是養生術的極致發揮。我們做醫
> 生的人，應該要知道造成疾病的原因，知
> 道原因之後，就應該先用食物來加以治療，

這就是所謂的「食療」。如果食療沒有效果，
才用藥物來應付。這是為什麼呢？因為藥
物的性質是非常剛強猛烈的，使用藥物就
像指揮軍隊那樣一定得小心謹慎！我們都
知道軍隊是那樣兇猛而不易控制的，所以
軍隊是不能隨隨便便就派出去的，否則一
個指揮不當，就會造成許多殺戮與傷害。
我們使用藥物所要冒的風險，其實也和統
御軍隊是很類似的。

就是這段話，打造了往後千餘年間傳統中國食療
醫學的理論基礎。我們不妨比對一下，孫思邈的
食療理論，和前面清代曹庭棟「捨藥用粥」的養
生觀念，幾乎沒有什麼不同。曹氏告誡人們不要
亂服「補藥」的理由，其實就是孫思邈口中藥物
所具備的那種剛烈猛暴、難以駕御的性質。

　　孫思邈並不是食療概念的發明者，在他之前，
相傳還有扁鵲、張仲景、衛汛這些古代的名醫也

有相類的見解。不過，這些「先代名醫」的言論，
今天我們除了透過孫思邈的轉述外，在現存的古
典文獻裡是完全尋不到有關出處的任何蛛絲馬
跡。其實，不只我們是如此，就連那些生活在唐、
宋時代的人們，在談到「食療」時也必定是以孫

孫思邈鎏金銅像

思邈為宗師，彷彿在他之前的醫家就全然沒有關於食物療疾的認識。事實上，孫思邈最多只能算是唐以前相關知識的綜合者。因為，這種認為食物可以強健體魄、逐除疾病的看法，早在《黃帝內經》中就已初現端倪，該書〈藏器法時論〉有段「毒藥攻邪，五穀為養，五果為助，五畜為益，五菜為充，氣味合而服之，以補精益氣」的說話，就明顯地將藥物與食物對立起來，並且特別強調後者對於人體的補強效能。再有一點，就是漢、魏之間的名醫，倘若不是存著「食物可以強身療疾」的想法，大概也不會將米穀一類的食材添入古代的本草藥學專著裡。

作為唐以前食療認知的彙整者，孫思邈最大的貢獻就在於他對過往相關知見所做的體系性整理。他在《千金要方》裡獨闢了一個「食治」的專章，內容除了提出上面那則被我用白話文寫出的概念性總則外，還包括了汲取自唐以前各家本草藥學專書裡有關食物性能的記載。而在他那部

《千金要方》的增補續編《千金翼方》裡，他還提出了十四個「食療方劑」來作為「養老食療」的範例。我們可以發現，由孫思邈所提出的食療知識是很完備的，他不但有理論、有藥典，還有實際執行食療的方劑，說他是傳統食療醫學的宗師其實一點也不為過。

本節寫作的目的，主要在追尋清代知識分子那種「吃粥養老」行為的歷史淵源，而唐代名醫孫思邈的「食療醫學」，則是我們溯源的起點。不過，在做進一步的論述前，我要先對古人口中的「養生」與「養老」做一點辭彙意義上的分疏。總的來說，「養生」與「養老」是性質相同的東西，它們都是用來指陳「養護身體，保健延年」這樣的訴求。不過，「養老」的意思，還是與「養生」略有不同。這主要是就這兩個辭彙所涉及的「生命歷程」，有著範疇上的不同來說的。「養生」是泛指「生命的養護」，並不特別預設「老」的年齡限制，但「養老」則可以說是專指有關「老人」

的「養生」而言。換言之，談「養生」是可以兼含「養老」的，但「養老」就不具有這樣的伸縮彈性。事實上，這樣的說法也不是我個人的臆測而已，在前面那篇孫思邈所提出的文字裡，他那句原文是「餌老之奇法，極養生之術」的說話（這句的白話就是前面引文裡說的「老年養護的好辦法，也是養生術的極致發揮」），就是把「養老」擺在「養生」的架構下。此外，前節主人翁曹庭棟的那句「粥能益人，老年尤宜」的名句，也透露出這樣的訊息。曹氏的意思顯然可以被理解成：「粥是有益於人的，尤其是適合老人」。第一個「有益」就帶有「養生」的味道，而「尤其適合」的語氣又是針對「養老」說的。

值得注意的是，儘管孫思邈對於「食療養老」有極高的評價，也曾在《千金要方》中纂錄了包括各類米穀在內的各種本草藥學敘述。然而，清人眼中「老年尤宜」的粥品，並沒有在唐代受到特別的推崇。在《千金翼方》的〈養老食療〉篇

中，孫思邈雖然提出了總數十四則的「養老方劑」，但也只有「羊骨方」一則，談到可以用「羊骨高湯熬粥」來「補虛勞」。不過，這個方子並不特別強調「粥」的角色，原文的內容是「依食法任性做羹、粥、麵食」。

孫思邈不是唐代唯一重視「食療」的醫家，他的學生孟詵也是談「食療」的大家。不過，在孟詵所撰寫的那部《食療本草》裡，食療方劑雖然擴展到兩百多個，但粥的身影還是頗為稀見的。屈指算來，總共也只有「茗粥」、「椒面粥」、「椿豉粥」、「柿粥」、「烏賊魚粥」、「鰻鱺魚粥」、「麻蕡粥」這七個粥方而已，況且其施用的對象也並不特別強調是老人。看來，即使在食療醫學開山二祖的孟詵手裡，不要說是「養老」了，就連粥的「養生」價值，也還沒有被特別突顯出來。

其實，在唐以前的歷史時空裡，「粥」與「健康追求」（或說「養生」）的關係，也並不是全然被忽略的。比方說吧，在佛教經典中，便有所謂「食

粥五事好」、「啜粥五利益」這樣的說法。然而，
佛教中這些主張「吃粥有益健康」的看法，究竟
和後世的相似認知有多大的關聯，卻還有待進一
步的深入研究。畢竟，某種觀念的「存在」，不必
然一定會「普及」；而「影響」的發生，也未必全
就能從文字的表象體現。因此，在以下的敘述中，
為了避免過度的臆測，我還是老實點地先從傳統
醫學的角度談起。至於，佛教的相關言論有沒有
發生影響？抑或是發生了怎樣的影響？就暫且先
當成「革命尚未成功，同志仍須努力」的目標吧！

　　言歸正傳，回到醫學的脈絡中，就目前的文
本狀況觀之，在食療知識裡，「粥」的「養生」地
位，大概要到唐代末年才受到人們特別的重視。
因為，在一部叫作《食醫心鏡》的食療專書裡，
作者咎殷一共列出四十五種粥品，幾佔全部二百
則食療方劑的四分之一。不但如此，這些粥品療
治養護範疇縱跨了「中風傷寒」、「心腹冷痛」、「噎
病」、「水腫」、「淋病」、「小便數」、「五痢」、「五

痔」、「妊娠產後」、「小兒」這十個部門。可見，
以「粥」行「食療」以求達成「養生」目標的看
法與行為，在這時顯然已有其相當程度的規模與
發展。不過，粥的「養生」面貌雖然在唐末部分
醫家的手中有了比較清晰的輪廓，但「養生」終
究不能完全與「養老」劃上等號。關於此，我們
也可以從上述《食醫心鏡》中食療粥品的十個適
用範疇看出個大概——竟然沒有一個名目是關於
「養老」的。那麼，這樣的情況是不是正說明著
「吃粥養老」的觀念，一直到唐末都還沒有成為
食療奉行者的主要行為內容呢？

今天我們看到的《食醫心鏡》是殘本。所以，
這部著作裡獨缺「養老」部門的現象，也可能是
典籍散佚所造成的。不過，這樣的推論，若是查
閱北宋初年的那部由官方修纂而成的大型方書
《太平聖惠方》的食療相關內容後，也幾乎是可
以被否定的。因為，在《太平聖惠方》的食療部
分裡，雖然設有所謂的「食治養老諸方」的門目，

但在這門目之下所列出的食療方劑，不但在名稱與組成上完全與孫思邈在《千金翼方》裡的方子完全相同，就連次序的排列也如出一轍。事實上，由於有這樣的雷同存在，我們甚至還可以做一個更大膽的推論——亦即倘若像《太平聖惠方》這般傾國家力量集撰的方書，尚且在「養老食療」一事上全襲唐人言論，並且不及於粥方的養老效果；那麼，我們或許可以認為在整個唐、宋之間的歷史時空裡，「粥能養老」的認知都沒有發展成為食療醫學的主要內容。

就現存的文本內容來看，「吃粥養老」的觀念，大概一直要到北宋中期，才開始比較明顯地體現在一部名叫《養老奉親書》的食療專著中。關於這部書的作者，我們只知道他名叫陳直，曾經在北宋神宗年間擔任過泰州興化縣的縣令，但有關他生平的其他記載就完全找不到。不過，陳直的生平雖然不容易搞清楚，但在食療概念上，這人確實可以作為唐代孫思邈的忠實信徒。我們都知

道，中國的印刷事業是到北宋才開始普遍的，在
這個時代裡，許多前代不容易看見的手抄著作，
都被翻印成書店裡公開販售的書籍，而知識的流
通也因此而比以往更為便利。就拿醫學知識來說
吧！它的傳授在宋代以前原本是以「父子相承」、
「師徒相授」的模式為主，但在宋代卻因為各種
醫書的大量出版，而擴散到那些具有讀寫能力的
知識階級中。陳直就是這樣一位對醫學有所掌握
的知識分子。根據他自己的說法，《養老奉親書》
裡所涉及的食療知識，主要都是他在《食療本草》、
《食醫心鏡》、《詮食要法》、《諸家法饌》，以及《太
平聖惠方》等書中閱讀到的「食治諸法」。

　　陳直在《養老奉親書》中所收錄的「食療粥
方」，數目並不是很多，總共只有三十五方。其中，
我們可以確定有二十七方是源自於《食醫心鏡》
或《太平聖惠方》的相關內容。然而，掌握知識
的途徑雖然尋常，但檢視知識的眼光不同，便會
看見不一樣的東西。就陳直而言，他所面對的雖

然是唐代以來那些積累疊壓的食療理論與知識，
但他卻仍能從前人的遺意中開創新局。再把範疇
縮小些，在「食療粥方」的層次裡，我們可以這
麼說：《養老奉親書》所載粥方雖然不乏源之於前
人者，但是陳直的創新之處則在於他能以「養老」
理路，重新看待這些行之已久的「養生粥方」。

　　將《養老奉親書》視為是確立「粥能益人，
老年尤宜」——這種養老食療觀念的指標性著作，
其實並不為過。不過，這樣的評價並不是因為陳
直在這本書裡總是說些「食治老人」云云的場面
話。相反的，該書的價值，其實是有學術理論來
做後盾的。從《養老奉親書》的內容可以發現，
陳直將「食療」、「粥方」、「養老」三者融會於一
齊的理論，主要記載於該書下卷的〈飲食調治〉
門裡。陳直說：

　　　　食物是人類的依靠，是人類生命的本源。
　　　我們吃東西，經過消化吸收，精氣就會充

足，精氣充足以後，氣力就會強健。因此，負責消化吸收的胃，以及負責傳輸養分的脾，就成了人體內在機能的根本。

年輕的人，由於身體元氣足，所以根本很強固，不會因為一時的凍餒而生病。但年老的人就要小心了，他們的元氣虛弱，脾胃也很衰弱，所以要小心保養，否則就很容易造成疾病。

老人如果有了身體上的不適，要先用食物來應付，如果食物實在沒辦法對症，才要考慮用藥。這樣的順序是因為食物是不容易傷到臟腑的。老人的食物，最好是溫、熱、熟、軟的，太黏、太硬或是生冷的東西，都不適合拿給老人吃。這是因為老人的腸胃虛弱單薄，無法有效地消化吸收，一個不小心就會生病。我們為人子女的，應該要特別注意老人的身體特徵。

以上這些就是養老的原則。

陳直的這段言論，雖說不脫孫思邈的食療理論框架，但在細部上卻有很多更革。首先，陳直是特重「胃」的。因為，他不但強調「胃為五臟之宗」，還明確提出「胃氣」即是人體「氣本」的說法。其次，陳直從年壽的高低入手，分析老年人與少年人在臟腑強弱上的不同，並進一步說明食物之與「資血氣」間的關聯。最後，他且以「溫、熱、熟、軟」為前提，規範作為老人食療資藉的基本型態。

與陳直相較，唐代孫思邈的食療概念就顯得有些粗疏。在《千金》一系的食療概念中，雖然有所謂「食能排邪而安臟腑」的說法，但卻沒有說明要「安」的是哪一個「臟腑」，也沒有指出其安養的目的。此外，對於老人食療的品類，孫思邈似乎沒有總則性的看法。

賦予前代食療概念更精細的理論框架，並以其作為老人養護的經緯，或許正是陳直《養老奉親書》對於傳統食療醫學體系的貢獻所在。事實

上，按照上述的理論推衍，「粥」的「養老」面向
之所以會被陳直突顯，其實也是很自然的。因為，
既然說是藥性猛暴而要行使食療、食養之術，便
得顧及要如何增強作為「五臟之宗」的胃之機能。
於是，既是日常習食之物，又在本草藥學知識範
疇裡具有將養臟腑功能的「米穀」，自然就成為最
佳的食療品類。再考量到老人牙口與消化等身體
機制的退化，符合「溫、熱、熟、軟」要求的「粥」，
自然就成為陳直眼中宜於養老食療的醫方類型。

　　總之，「粥能益人，老年尤宜」的觀念，大概
是要到北宋陳直的《養老奉親書》問世以後，才
算得上是真正確立。自是以降，「粥食」遂與「養
老」結下不解之緣，「食粥養老」不但是醫家如李
時珍、喻嘉言之輩的共同認知，同時也是許許多
多知識分子的飲食行為特徵。

　　西元1999年，是我祖母流連人世的最後一個
年頭。當時的祖母，雖然罹患了重病，但胃口卻
還是不錯的。老人家喜歡嚐鮮，常常背地裡囑咐

我弄些海鮮給她吃，但我母親知道了卻總是要罵。
我母親是個孝順的媳婦，祖母病中的飲食，她總
是一手包辦，但她做的食物卻總是黏乎乎的粥。
我常向母親抗議，認為沒必要只給祖母吃粥，但
她給我的理由，卻常常讓我懷疑她是不是讀過曹
庭棟的《粥譜》。

　　西元2000年，我自己因為吸菸過量，再加上
操勞過度，而在六月的一個炎熱午後突然大量嘔
血，結果當然是送醫急救。雖然，所有的親朋好
友都在醫生宣告我不是罹患肺癌後鬆了一口氣，
並在丟下一句「自作自受」之後，迅速地離我而
去。但在我住院觀察的期間，妻子卻天天硬逼著
我吃粥。我其實身體好得很，一點也不想吃粥。
但妻子給我的理由是，你是外強中乾，要多吃點
清淡的粥養養身體。看來，她似乎還是傳統醫學
食療概念的奉行者。

　　一次是母親，一次是妻子，場合都是行使西
方醫學的醫院，但這對婆媳的觀念卻還是很傳統

的。她們的認知與行為，全都能夠暗合「吃粥養老」，抑或是「吃粥養生」的食療古誼。然而，由於她們是我的至親，我對她們有夠深的了解，所以我可以肯定的是，母親一定沒有讀過《粥譜》，而妻子也不是個對食療有興趣的人。我猜想在她們腦海裡所存在的那個「有益健康」的粥的形象，或許也是得自於她們生命歷程裡曾經聽過、看過，甚至是親身經歷過的經驗吧？

粥與養生、養老的連繫，在今天我們這個文化裡，似乎已經很難再去追尋它在人群裡的傳承軌跡。不過，在粥的歷史裡，我們還是可以粗略地描摹這種米穀品類在「食物」與「藥物」之間的游移歷程。別的食物我不敢說，但至少那粒粒穗實，確實是經歷了「由食而藥」，然後又「由藥而食」的過程，而使用米穀品類熬製而成的粥，也同樣經驗了這樣的洗禮。

還記得本章一開始時，我曾經提起有位人類學家說過:「漢人的飲食習慣與行為常是醫療健康

觀念的次系統」這樣的話吧？縱觀粥與傳統醫學在漢代到清代的糾結過程，事實似乎正是如此。不過，誰是誰的「次系統」，主要還是取決於觀察的角度。站在醫療的立場來檢視具有「養生」、「養老」功能的粥，「粥是醫療的次系統」的說法當然是坐實難移的。但是，對於吃粥的芸芸眾生而言，他們的概念卻可能很模糊，在他們的腦海裡，粥可還是一種食物，不過對健康有些幫助就是了。

# 結　語
## ——作為歷史研究的飲食課題

　　我是一個生活在二十一世紀的臺灣人。在我的日常生活裡，粥是常常出現的食物。我家裡會吃粥，我家外面的街上有好幾家清粥小菜，我上班的地方有家早餐店賣廣東粥，我單位的福利社有賣速食粥，有時興起，我還會為嘴奔波，不辭勞苦地跑到外縣市的元祖老店去吃他們做的「養生粥」或「虱目魚粥」。然而，和我關係這樣密切的食物，倘若沒有寫作這本小書的機會，我大概永遠也不會意識到它也是有歷史的，更不會去思考與它有關的一些文化現象。這是為什麼呢？別人不注意還情有可原，但我可是個讀歷史的人，我對食物的文化意義為什麼也會那樣遲鈍？

我想是習慣吧？我大概是習慣吃粥了，所以才會如此漫不經心。

其實，飲食的歷史不是沒有人談，但是談飲食歷史的人常常都只談些「飲食典故」——也就是一些發生時間在過去，而又與食物有關的小故事。但是，這樣的敘述內容究竟能夠在閱讀者的心目中留下多少印象？恐怕還得視那些故事的有趣程度來決定吧？就算不是「船過水無痕」，但有多少人真的會因為這些故事，而把張嘴吃東西當成是件有學問的事，多半也難說得很吧？

我不是說別人寫的飲食歷史都有問題，偏偏唯獨我才做得好。但粥的歷史寫作對我而言，確實是嘗試、也是挑戰。我從來不曾對一種我每天都會做的事，付出同等的注目與關切，而在我過去的寫作經驗裡，我也不曾處理過這麼生活化的課題。我想，這也可以說是一種學習吧！寫完粥的歷史，我學到的是：歷史是無處不在的，歷史是有多重面貌的，不是只有國家民族、功臣將相才有歷

史可寫，看似無奇的飲食其實也有歷史可寫。

　　我談粥的歷史，其實是在談一些與飲食有關的文化現象。粥這樣的食物，是很可以反映我們這個文化下人們與食物間所存在的互動關係。從糧食種類到形象賦予，乃至於和健康觀念的結合，歷史上的粥，從來不只是一碗水米混融而已。有關粥的種種，其實包含的是人們的生活經驗、心態情感，甚至是對健康生命的護衛與渴求。更重要的是，這樣的互動，不是過往陳跡，就在當下它仍然存在。不論是日常飲食的型態，還是清淡、清雅的形象賦予，又或是健康追求的手段，粥的種種身影全都有古今可資溝通。我常常覺得，飲食的歷史不應該、也不能夠僅只是人們「咀嚼與吞嚥」的行為記錄而已，它應該還要告訴我們「為什麼我要這樣吃？」或是「怎麼我會這麼吃？」才是。

　　再回到二十一世紀的臺灣。這一次，粥的歷史身影或許會無處不在。同樣是普遍的食物型態，

同樣是與健康追求相涉的訴求；但不同的是，「為什麼？」與「怎麼會？」現在或許不再是個「哪有答案！」的「笨問題」了。因為，歷史或許可以給我們一個比較深刻的回應。

粥的外貌或許單調，但粥的文化氣味卻很是豐富。

文明叢書 08

# 海客述奇——中國人眼中的維多利亞科學

吳以義／著

毓阿羅奇格爾家定司、羅亞爾阿伯色爾法多里……，這些文字究竟代表的是什麼意思——是人名？是地名？還是中國古老的咒語？本書以清末讀書人的觀點，為您剖析維多利亞科學這隻洪水猛獸，對當時沉睡的中國巨龍所帶來的衝擊與震撼！

文明叢書 09

# 女性密碼——女書田野調查日記

姜　葳／著

你能想像世界上有一個地方，男人和女人竟然使用不同的文字嗎？湖南江永就是這樣的地方。與漢字迥然不同的文字符號，在婦女間流傳，女人的喜怒哀樂在字裡行間娓娓道來，建立一個男人無從進入的世界。歡迎來到女性私密的文字花園。

文明叢書 10

# 說　地——中國人認識大地形狀的故事

祝平一／著

幾千年來一直堅信自己處在世界的中央，要如何相信「蠻夷之人」帶來的「地『球』」觀念？在那個東西初會的時代，傳教士盡力宣揚，一群中國人努力抨擊，卻又有一群中國人全力思考。地球究竟是方是圓的爭論，突顯了東西文化交流的糾葛，也呈現了傳統中國步入現代化的過程。

## 奢侈的女人──明清時期江南婦女的消費文化

巫仁恕／著

「女人的錢最好賺。」這句話雖然有貶損的意味,但也代表女人消費能力之強。明清時期的江南婦女,經濟能力大為提升,生活不再只是柴米油鹽,開始追求起時尚品味。要穿最流行華麗的服裝,要吃最精緻可口的美食,要遊山玩水。本書帶您瞧瞧她們究竟過著怎樣的生活?

## 文明世界的魔法師──宋代的巫覡與巫術

王章偉／著

《哈利波特》、《魔戒》熱潮席捲全球,充滿奇幻色彩的巫術,打破過去對女巫黑袍掃帚、勾鼻老太婆的陰森印象。在宋代,中國也有一群從事巫術的男覡女巫,他們是什麼人?他們做什麼?「消災解厄」還是「殺人祭鬼」?他們是文明世界的魔法師!

## 解構鄭成功──英雄、神話與形象的歷史

江仁傑／著

海盜頭子、民族英雄、孤臣孽子、還是一方之霸?鄭成功到底是誰?鄭成功是民族英雄、地方梟雄、還是不得志的人臣?同一個人物卻因為解讀者(政府)的需要,而有不同的歷史定位。且看清、日本、臺灣、中共如何「消費」鄭成功!

文明叢書14

## 染血的山谷——日治時期的噍吧哖事件

康豹／著

噍吧哖事件，是日治初期轟動一時的宗教反抗，震驚海內外。信徒憑著赤身肉體和落後的武器，與日本的長槍巨砲硬拼，宛如「雞蛋碰石頭」。金剛不壞之身頂得住機關槍和大砲嗎？臺灣的白蓮教——噍吧哖事件。

文明叢書15

## 華盛頓在中國——製作「國父」

潘光哲／著

「國父」是怎麼來的？是選舉、眾望所歸，還是後人封的？是誰決定讓何人可以登上「國父」之位？美國國父華盛頓的故事，在中國流傳，被譽為「異國堯舜」，因此中國也創造了一位「國父」——孫中山，「中國華盛頓」。

文明叢書 16

## 生津解渴——中國茶葉的全球化

陳慈玉／著

大家知道嗎？原來喝茶習慣是源於中國的，待茶葉行銷全球後，各地逐漸衍生出各式各樣的飲茶文化，尤其以英國的紅茶文化為代表，使得喝茶成為了一種生活風尚，飄溢著布爾喬亞氣息，並伴隨茶葉貿易的發展，整個世界局勢為之牽動。「茶」與人民生活型態、世界歷史的發展如此相互牽連，讓我們品茗好茶的同時，也一同進入這「茶」的歷史吧！

文明叢書 17

林布蘭特與聖經
——荷蘭黃金時代藝術與宗教的對話

花亦芬／著

在十七世紀宗教改革的激烈浪潮中，林布蘭特將他的生命歷程與藝術想望幻化成一幅又一幅的畫作，如果您仔細傾聽，甚至可以聽到它們低語呢喃的聲音，就讓我們隨著林布蘭特的步伐，一起聆聽藝術與宗教的對話吧！